LA LÉGITIMITÉ

ET LA

RÉVOLUTION

ÉTUDE SUR LE PRINCIPE D'AUTORITÉ

PAR

FÉLIX DE MARG

PARIS
MAURICE TARDIEU, ÉDITEUR
35, RUE DE GRENELLE, 35

1882

LA LÉGITIMITÉ

ET LA

RÉVOLUTION

COULOMMIERS. — IMPRIMERIE PAUL BRODARD.

LA LÉGITIMITÉ

ET LA

RÉVOLUTION

ÉTUDE SUR LE PRINCIPE D'AUTORITÉ

PAR

FÉLIX DE MARC

PARIS
MAURICE TARDIEU, ÉDITEUR
35, RUE DE GRENELLE, 35

1882

PRÉFACE

Je n'ai pas la prétention d'offrir au lecteur une œuvre de science, moins encore un enseignement doctrinal; mon but est plus modeste.

Pénétré, vivement ému du danger qui menace mon pays s'il se laisse encore abuser par la révolution, j'essaye de lui jeter un cri d'alarme, sans prendre garde à l'insuffisance de ma voix, à l'obscurité de mon effort. Je tente de remplir le devoir de tous ceux qui aiment leur patrie, me confiant à la seule aide promise aux gens de bonne volonté. Je tâche d'amener ceux qui voudraient bien me lire à comprendre le péril inévitable qu'entraîne le désordre moral et politique, de leur signaler la manœuvre de l'ennemi, la perte qui nous attend au bout d'une course folle.

Le terme est proche, quoi qu'on puisse en penser ou bien en dire; une brusque résolution, un arrêt soudain pourraient seuls nous garantir. L'heure n'est donc pas aux études prolongées, aux examens dogmatiques, mais aux décisions rapides, aux actes instantanés.

Une seule voie de salut nous est ouverte, le retour à la monarchie légitime, instituée par nos pères, et je l'indique.

Cette monarchie deviendrait à la fois pour nous la préservation, le bien, la prospérité, la grandeur; je le démontre en termes brefs.

Son représentant, le Roi, est l'esprit le plus libéral, la nature la plus honnête, la plus attachante qu'il soit en France; je le proclame le plus haut qu'il m'est possible.

Mais, ainsi limité, mon effort serait trop incomplet. Je respecte assez mon pays pour ne pas faire appel, d'une manière unique, à ses sentiments égoïstes, à l'instinct de la conservation.

Il m'a paru bon de lui rappeler que la monarchie légitime, héréditaire, représentée par monsieur le Comte de Chambord s'imposait non seulement par ses avantages, mais aussi par un titre incontestable; qu'elle était la règle de la justice, le droit.

Tout droit suppose un devoir corrélatif, l'obligation de le respecter.

Que ce lien puisse rester dans une certaine pénombre, être assoupli même par le bénéfice du mal moindre ou le soin d'écarter le péril de la religion, je ne le conteste pas. Il n'en subsiste pas moins en principe; le droit reste toujours le droit, la force morale et juridique, alors même qu'un motif respectable empêche de le divulguer.

Il ne cesse pas d'astreindre, parce qu'il n'est pas opportun de le mettre hors de conteste.

Le devoir ne s'éteint pas quand la violence ou bien le souci d'un intérêt plus élevé ne permettent plus de le promulguer. La prudence peut laisser à chacun la liberté d'apprécier un point relatif, contingent; elle n'a pas le pouvoir d'anéantir la justice et sa règle.

Tant qu'il existera un Dieu et des âmes, la force devra s'incliner devant le droit et le devoir survivre à la circonspection.

Si donc la monarchie légitime a pour elle un titre régulier, assuré, nous ne sommes pas libres de la méconnaître, de la rejeter; nous devons la rétablir, si nous le pouvons.

Je crois avoir mis en évidence, bien qu'en peu de mots, son privilège certain, prouvé que l'exercice en appartenait à monsieur le Comte de Chambord.

Cet exposé, n'étant qu'une partie de ma tâche, devait nécessairement emprunter une forme succincte, brève, sommaire. J'ai donc proscrit les citations avec le même soin que d'autres mettent à s'en étayer; me bornant au strict nécessaire.

Je me suis contenté de relater les sources, de produire le nom des auteurs dignes de tout notre respect; les esprits studieux pourront s'y repor-

ter. J'ai craint de surcharger le raisonnement et de fatiguer l'attention.

Si j'ai donné quelque importance à certaines controverses, elles semblaient le motiver à des titres divers. Mais je dois excuser surtout mon usage habituel, la concision, bien qu'elle ait l'avantage de faire une large part à l'intelligence, à la pensée du lecteur.

Il pourra, notamment au chapitre XIII, compléter ce que j'ai rappelé d'une manière si courte, l'union indissoluble de l'âme et du corps pendant la vie, qui ne permet pas de frapper l'un sans atteindre l'autre; conclure à l'impossibilité de séparer les châtiments. Pour ma part, je ne devais pas m'étendre sur un point accessoire.

Ceux qui voudraient parcourir seulement ces quelques lignes risqueront fort de glisser sur la phrase principale, la preuve, la conclusion. Elles ne présentent pas, en effet, une démonstration pédagogique, harmonisée, pondérée, complète; elles n'offrent le plus ordinairement qu'une esquisse, un simple résumé.

Elles peuvent former une préparation à des études plus sérieuses, ouvrir même à la méditation des aperçus nouveaux; là se borne leur utilité.

Si je n'ai pas mis suffisamment en lumière le droit de la monarchie légitime, l'obligation, rigoureuse à tous égards, d'y revenir, la faute en est à moi seul. Je ne saurais dire la conviction profonde, la certitude absolue que j'ai puisées dans mes recherches.

Elles s'imposent tellement à mon esprit, que lorsque je me demande avec inquiétude si je n'ai pas mal défendu la vérité, je réponds : Qu'importe; n'est-elle pas éclatante, n'éblouit-elle pas les intelligences droites et les cœurs sains? Chacun ne sent-il pas instinctivement que d'un côté est la loi, le devoir, l'ordre, le salut; de l'autre, la révolte, l'hypocrisie, la menace et la perte?

Il en est, hélas! que cette perspective n'arrête pas; mais il en est plus encore de faibles, d'égarés, d'abusés. Que ceux-là se mettent en face de leur conscience et prononcent.

Fils de ces Gaulois sans prévoyance, insoucieux du danger, dont nous parle César, ils seraient peut-être tentés de s'abandonner au courant.

Qu'ils ne l'oublient pas, le charme du péril est de le prévenir, de l'écarter, d'y survivre. S'ils ne se hâtent, c'est la mort sans défense, certaine, humiliante, honteuse. Plaise à Dieu surtout qu'ils ne voient pas se réaliser la seule crainte de leurs pères; qu'ils ne portent pas la peine de ceux qui ont l'audace de vouloir ébranler le ciel.

LA LÉGITIMITÉ
ET
LA RÉVOLUTION

CHAPITRE PREMIER

LES GOUVERNEMENTS FRANÇAIS AU XIXe SIÈCLE

Premier Empire. — Restauration. — Régime de 1830. — République de 1848. — Second Empire. — République de 1870, M. Thiers. — Pouvoir de M. le maréchal de Mac-Mahon. — République actuelle.

Depuis le commencement du siècle, la France essaie de toutes les formes de gouvernement, de toutes les dynasties, sans s'arrêter à aucune; elle ne semble pas plus édifiée qu'au premier jour.

Sommes-nous donc réservés à tourner sans cesse dans le même cercle, à garder les mêmes indécisions, à recommencer les mêmes épreuves qui nous ont coûté tant de sang, ont amoindri notre territoire, infligé de cruelles atteintes à la fortune publique, compromis, abaissé notre situation en Europe? L'expérience n'est-elle pas faite? Sommes-nous encore incapables de discerner le bien et le mal, le régime le plus conforme à la loi d'ordre, de justice, de stabilité, le plus en rapport avec le génie, la grandeur de notre belle patrie?

Une fois trouvé, ne serait-il pas temps de le retenir, de le fixer, de s'y attacher à tout jamais?

Pour résoudre cette question, il est nécessaire de rappeler nos tentatives, de voir ensuite ce qu'à l'heure actuelle chacune de ces formes de gouvernement peut nous donner en espérance. Puisse notre pays en tirer la conclusion qui me paraît s'imposer!

L'Empire, dont le Consulat n'était que le prélude, a formé le premier essai.

Épuisée par une secousse épouvantable, confuse au souvenir de ses crimes, n'osant plus regarder en arrière, la France, ou plutôt cette fraction remuante, ténébreuse, délétère, qui s'arroge le droit de former et d'anéantir des gouvernements, s'est jetée aux pieds d'un César.

C'était, il faut le dire, un soldat de génie, une intelligence merveilleuse, capable de tout embrasser, une volonté forte jointe à une habileté sans scrupules.

Il lui avait peu coûté de donner un gage sinistre à la révolution après l'avoir combattue, d'accepter ses errements compatibles avec l'Empire. Il tenait de l'école florentine la connaissance des hommes, ou plutôt de leurs faiblesses, et savait en faire un instrument de règne. La force ne suffit pas toujours à la domination, elle doit avoir aussi le charme réel ou factice qui attire, séduit, fascine ; il ne l'ignorait pas, au dire de son entourage. L'histoire, trop occupée de l'aspect brusquement autoritaire, n'a peut-être pas dégagé d'une manière suffisante ce côté de la physionomie de l'Empereur. Le Pape Pie VII les avait pourtant burinés l'un et l'autre en deux traits sanglants.

C'était toujours la révolution. L'Eglise, relevée dans un but politique, souffrait encore au point de vue religieux. Le despotisme d'un seul, succédant à la tyrannie de la foule, semblait au moins devoir assurer l'ordre et la sécurité. La France s'était livrée à merci, ne demandant que de voir relever ses décombres. Mais, je l'ai dit, le sceptre avait été mis aux mains d'un homme de guerre et d'un astucieux. Il connaissait la mobilité nationale ; sous les faveurs et les titres libéralement départis, il rencontrait souvent le vieux levain révolutionnaire. S'il n'a pas formulé le premier l'axiome douteux : Il faut à un peuple la gloire ou la liberté, il a voulu du moins le mettre en pratique. La gloire, il nous en a saturés, jusqu'au jour où, conduit par son orgueil à toutes les audaces, il est tombé sous la main de Dieu et des hommes, nous léguant l'invasion, la dépopulation, la ruine.

La France a demandé à ses vieux rois de réparer ses désastres [1]. Ils ont entendu son appel, atténué les revendications des vainqueurs, établi l'ordre, relevé nos finances ; ils ont pu joindre la gloire à la situation prospère.

Ils avaient trop présumé de notre amour, qu'ils mesuraient au leur.

Oublieux de notre inconstance et des passions mauvaises, ils n'ont pas eu soin de la pondération opportune entre l'autorité et la liberté, ils nous ont donné la liberté sans compter [2].

Un jour, on a pu dire de l'abandon volontaire et prématuré des anciens droits de la couronne, de la constitution hâtive donnée spontanément par Louis XVIII : « Enfermons le Roi dans la

1. Faut-il réfuter pour la millième fois cette vieille calomnie de l'étranger? Tout le monde le sait aujourd'hui : parmi les souverains réunis contre nous en 1814, la cause des Bourbons rencontrait une seule sympathie, qui serait restée dans son isolement sans la manifestation de la place Vendôme.

2. Je n'ai pas besoin de le faire remarquer : la liberté a deux aspects, l'un absolu, l'autre relatif. Une liberté excessive à certain moment peut devenir même insuffisante à une autre époque.

Charte; il sera contraint d'en sortir par la fenêtre. »

La branche aînée de la maison de Bourbon a repris le chemin de l'exil.

La révolution s'est adressée à la branche cadette.

Modeste tout d'abord, luttant pour s'établir, ne s'engageant dans aucune entreprise téméraire, soucieuse de la fortune publique en même temps que de la sienne, elle a retrouvé peu à peu, étendu même la puissance détruite à son profit.

De jeunes princes, sympathiques à l'armée, paraissaient lui assurer un long avenir.

Mais elle devait expier la faute de son origine; prenant son point d'appui sur une fraction seule, elle ne pouvait qu'en refléter les vues circonscrites, les passions quelquefois plus acérées, plus imprudentes.

Une hostilité tantôt franche, tantôt latente aux principes immuables et tutélaires, préparait le désordre qui a suivi. Le droit, la base, la force lui faisaient défaut; une faible émeute l'a emportée.

M. de Polignac avait cru pouvoir en 1830 se passer de troupes; j'ai vu en 1848 une armée de soixante-dix mille hommes se replier devant un millier d'insurgés. Le conseil de cette retraite serait venu de M. Thiers, plus habile à saper les monarchies qu'à les défendre.

La République s'est glissée par surprise, l'aveu est de Ledru-Rollin. Bénigne à ses débuts, satisfaite comme un enfant qui vient de briser un jouet, douée même de quelques bons instincts, elle a dû bien vite compter avec les véritables sentiments révolutionnaires. La lutte s'est établie au moment où la France hésitait encore, et la victoire est restée au troisième larron.

Il y a lieu de retenir pourtant de cette époque l'action libérale, conservatrice, monarchique de M. Thiers, la conversion du général Cavaignac à l'autorité, c'est-à-dire la tendance fatale des républicains au jacobinisme, les passions enfin mises à nu par les journées de juin.

Après une courte période de fourberie, l'Empire s'est imposé.

Ce n'était plus l'aigle. Sous l'influence d'un gouverneur sans principes, le prince Louis s'était accoutumé de bonne heure aux voies obscures et tortueuses; mais il tenait de son origine les usages de l'oiseau de proie. D'une serre vigoureuse, il a déchiré les révolutionnaires, ses amis, qui tentaient de retenir son essor, et voulu peut-être s'appuyer sur ceux qu'il avait abusés. Disciple inhabile de Machiavel, tout semblait d'abord lui sourire. Il avait la fortune de tout oser, de tout commettre avec une apparence de succès.

Prétendant maladroit, il avait pu braver impunément le ridicule de ses premières entreprises. Désireux de la gloire littéraire, il livrait, sans en subir l'atteinte, les replis de sa pensée.

Général incapable, il gagnait des batailles par l'héroïsme de ses soldats; homme d'État nébuleux, il pouvait compromettre les intérêts, la sécurité, l'honneur de la France, sans y laisser son prestige. La duplicité semblait lui créer une force occulte. Il paraissait heureux, puissant, prospère, fermement assis; les rois s'inclinaient devant son trône, jusqu'au jour où, pris lui-même à ses pièges, sa faiblesse s'est révélée. Il a démoralisé notre beau pays, autrefois le foyer de toutes les nobles aspirations; nous étions prêts à la perte du sens moral. Mais lui aussi portait au front la tache indélébile de l'ambition injuste, du pacte formé avec la révolution.

Rappelé durement au souvenir de ses promesses, il a dû s'attaquer à l'Eglise, porter la main sur l'arche, et son bras a perdu la force. Epuisé par la maladie et les excès, dans un dernier rêve de salut et de gloire, oubliant qu'il s'était aliéné l'Europe pour complaire à des ingrats, il a voulu de cette main débile ressaisir son glaive, qui s'est brisé en tombant; et le second Empire à son tour nous a conduit à l'invasion, au démembrement, à la ruine : c'est, paraît-il, la destinée des Bonapartes.

L'histoire fixera un jour la part de chacun dans cette catastrophe. Elle dira ce que nous devons à l'amour-propre froissé de l'Impératrice, au talent méconnu de M. de Gramont, aux appréhensions des autoritaires mis à l'écart, à d'autres causes peut-être moins avouables encore.

La République s'est implantée sur nos blessures, les a agrandies, rendues plus profondes pour s'y creuser une demeure.

Afin de l'établir et de la consolider, il était bon de poursuivre une guerre désastreuse : on l'a continuée. Les franchises électorales ont été suspendues; des commissaires choisis sont venus apporter aux provinces des espérances mensongères ou les intimider. Les vies ont été sacrifiées, quelquefois même avec la plus coupable impéritie; des fortunes scandaleuses se sont élevées, la richesse de la France a fini de sombrer, notre territoire s'est encore amoindri; mais la République a survécu.

M. Thiers a stigmatisé cette époque en traits ineffaçables : je ne saurais le faire aussi bien. Il se préparait alors à étouffer le hurlement prématuré de la Commune et réorganisait notre armée. La France, reconnaissante des services présents, mettait en lui son espoir; il pouvait devenir l'instrument du salut : nous saurons ce qu'il a voulu être. Pour moi, je dois le dire, toute défiance n'était pas éteinte. Les desseins de la Providence échappent à la vue humaine. Je me demandais cependant avec persistance comment elle pouvait faire un pareil choix pour une semblable mission. Un autre fait m'avait également frappé. M. Thiers le savait mieux que personne : l'impopularité s'attache injuste, mais ardente aux chefs qui ont la douloureuse obligation de lutter contre des Français égarés. En offrant au général de Charette l'attaque de Paris, faisait-il seulement appel à un héroïsme chevaleresque? N'avait-il pas la pensée d'atteindre un prestige naissant, et avec lui tout un parti, le parti national, pour l'appeler de son vrai nom? Je ne m'égarais pas en faisant cette réserve.

La République eût peut-être succombé tout d'abord sous le coup de l'insurrection la plus ormidable, la plus sauvage, la plus honteuse, la plus monstrueuse, étant faite en présence de l'ennemi.

L'édifice fragile allait s'écrouler; une ambition sénile a voulu l'étayer, répudiant avec brusquerie tout le bien qu'elle venait de faire. Un homme s'est rencontré : vieillard sinistre, on l'a dit; esprit vif, souple, délié, versatile; trop remuant pour s'attacher à des principes, trop petit pour y atteindre; merveilleux dans les questions limitées, myope devant les larges horizons. Rhéteur accompli, déguisant son art sous le naturel et le bon sens, ses variations sous le couvert de la franchise, ses imprévoyances sous l'aspect de l'habileté, il séduisait, entraînait, et l'on a pu dire de lui qu'il était un charmeur.

Il semblait aimer la vérité, et, s'il en rencontrait une à sa taille, il paraissait s'y complaire. On pouvait espérer à chaque instant que pour lui la lumière se faisait; la lumière était faite, et il retombait dans l'obscurité. C'était pourtant une belle intelligence! S'il était capable de mal, il était aussi capable de bien, nous l'avons vu à certaines époques et dans des circonstances mémorables. Le plus petit effort en eût fait un grand homme; pourquoi n'a-t-il pu s'élever au repentir et à la vérité? Quel bandeau pesait sur ses yeux? quel fardeau sur ses épaules? Portait-il uniquement le joug et la peine de l'égoïsme ambitieux, de la vanité sans bornes? D'autres l'ont prétendu, et leur récit, contesté, je dois le dire, ne paraît que trop vraisemblable. Dans un moment d'aberration, de convoitise et d'orgueil, il aurait juré haine à la monarchie légitime. Michel de Bourges, qui tenait le crucifix, aurait pu le lui rappeler publiquement à certaine époque. Au dernier jour, a-t-il gardé la mémoire du serment de sa jeunesse? a-t-il succombé à la tentation de venger ses échecs de Saint-Pétersbourg et de Vienne, de punir la dureté du vainqueur, de menacer les trônes de l'Europe? Je ne saurais l'affirmer. Mais il a cédé à une ambition suprême, à la crainte de l'oubli; les révolutionnaires, comme leur maître, ne conçoivent plus le pardon. Il a couvert de son manteau ceux qu'il appelait la veille des fous furieux, et, pour en être le président, il a formé la République.

Qu'on ne vienne pas dire : Il était trop habile pour remonter un courant. Le groupe légitimiste était le plus nombreux à l'Assemblée constituante : le courant s'établissait en sa faveur, M. Thiers a voulu le remonter à tout prix. Pour atteindre à ce but, il n'a pas craint de laisser voir une duplicité honteuse : il a rejeté lestement ce qu'il semblait avoir acquis de patriotisme, de conscience et d'honneur. La révolution, comme certaines flaques de boue, n'abandonne jamais ses victimes. Cet homme, quand il a détenu le pouvoir, n'avait jamais abouti qu'à conduire la France au danger; cette fois, il a été doublement fidèle à sa mission. D'autres, en effet, viendront après lui, pour continuer son œuvre, formés à son école, habiles comme lui, plus délétères encore; mais ne devançons pas les événements.

Nous avons eu d'abord la République sans les républicains, un mot de 1795. C'était une espérance trompeuse, l'inspiration d'une fausse sécurité. Il eût été plus facile d'obtenir les républicains sans la République; peu s'en est fallu que le fait ne s'accomplît. L'obstacle n'est pas venu des anarchistes, ni même des démolisseurs attitrés.

Il était difficile d'écarter longtemps ceux dont on adoptait la doctrine, au moins dans sa formule générale. Leur apparition hâtive n'a pas eu cependant le succès qu'ils en attendaient; elle a motivé la chute de M. Thiers et donné naissance au pouvoir du maréchal de Mac-Mahon.

Ce n'a été qu'une halte sous l'orage, un repos sans abri terminé par une déroute. Un gouvernement hétérogène est fatalement condamné à l'hésitation et à l'impuissance.

Les sectaires ont pu reparaître alors. Menacés un instant, en 1873, ils avaient dû de conserver la République à ces impitoyables éclaireurs de la révolution qui s'intitulent monarchistes, mais placent leurs visées ambitieuses bien avant la France et la monarchie. Maîtres de la forme de gouvernement qui conduit avec certitude au but, ils pouvaient attendre, ils devaient surtout ne pas effrayer. Peu leur importait quelques semaines de répit; c'était un temps nécessaire pour nous lancer sur une pente fatale impossible à remonter.

A l'heure voulue, ils ont repris possession du pouvoir.

Avec eux, la République aimable, athénienne, dépouille peu à peu sa toge pour laisser voir sa carmagnole, éteint son sourire hypocrite pour montrer ses dents aiguës. Le jacobinisme rejette son masque de liberté et dévoile sa tyrannie[1]. La liberté, ce mensonge que tous avaient inscrit sur leur drapeau, au nom duquel ils combattaient, dont ils faisaient leur raison d'être. Quelques-uns essayent d'y mettre plus d'habileté : leur esprit d'invention prêterait au sourire, s'il ne présageait des conséquences terribles. Une liberté qui les gêne est une atteinte à l'unité française. Concluez.

Je ne saurais trop insister sur ce point. Dans vingt, trente ans peut-être, on essaiera de reproduire la même comédie de libéralisme, suivie de la même oppression; il importe que nos descendants ne s'y laissent pas tromper.

Nous avons la véritable république : nous nous en apercevons bien. On crée des emplois

1. On a pu lire dans la *République française*, organe de M. Gambetta, à propos de la liberté : « Il y a longtemps que nous connaissons cette guitare; » — « le hanneton libéral; » — « vous êtes des vaincus, et vous devez subir le sort des vaincus. »

Je ne relate que les dires du *Moniteur* de l'opportunisme; que serait-ce si j'empruntais mes citations aux feuilles radicales ?

Madier de Montjau : « La liberté, est-ce que nous la devons à l'ennemi ? »

pour tous les appétits; le budget a grossi de sept cents millions; à la marche qu'on lui imprime, on dirait que certaines gens espèrent arriver à la banqueroute par une voie détournée. La confiance disparaît, le travail s'arrête, on persécute l'Église impudemment : on scrute les pensées, la délation s'étale au grand jour, au profit d'avidités sans limites, d'ambitions malsaines, de vengeances honteuses. On laisse arriver aux charges publiques, à la représentation, quelquefois au pouvoir des gens plus que douteux, sans dissimuler le mépris qu'ils inspirent.

L'improbité n'est pas toujours un motif d'exclusion. Il faut bien avoir quelque indulgence pour les défenseurs de la bonne cause, d'autres le disent plus crument : il faut que chacun ait son tour; comme si la fortune d'un pays était une épave destinée à des pillages successifs! On rencontre à chaque pas des convoitises, des audaces ou des timidités sans nom. Des majorités s'éloignent des scrutins, subissant déjà la terreur révolutionnaire. Les intérêts, les vies même se sentent menacés. Les enfants terribles de la révolution ne prennent plus de ménagements pour nous en avertir : le pain et le cirque sont dépassés : il leur faut de l'or, il leur faut du sang plus pur que celui des esclaves.

En vain l'opportunisme repu essaye-t-il de contenir la meute ardente à la curée, lui jette-t-il en pâture la religion, son effort est impuissant, la tourbe entraîne le valet.

Et vous, pouvoir, vous dites être en mesure de les dominer! Vous affirmez la sécurité sans y compter peut-être; c'est une responsabilité jointe à beaucoup d'autres. Vous n'osez pas même atteindre les journaux qui répandent ces appels aux plus exécrables passions.

Qu'espérez-vous donc? retarder d'une heure le moment de la catastrophe? C'est un mince résultat pour qui a la charge d'un peuple.

Rameurs inhabiles, après avoir lancé la barque sur un rapide, vous l'abandonnez au courant : l'impuissance est la conclusion, le terme obligé de l'imprévoyance. Vous vous en apercevez aujourd'hui; il est trop tard. Vous vous apprêtez à remettre le gouvernail à ceux qui veulent, qui doivent tout perdre. N'espérez pas cependant échapper au péril; vous avez conduit au naufrage, vous le subirez avec nous, plus durement encore, car vous ignorez le Dieu qui peut nous sauver. Que dis-je, vous l'ignorez? Pour vous, sa religion est l'ennemi; vous le proclamez bien haut, vous le faites entrer dans vos actes. Je veux croire à votre bonne foi; vous ne le soupçonnez donc pas, l'instinct de la conservation ne vient pas vous en avertir; mais, si vous réussissiez à ébranler seulement cette pierre angulaire, l'édifice entier s'écroulerait sur vos têtes et vous ensevelirait sous ses ruines. L'histoire ne vous a rien appris, ou vous avez tout oublié; le sort de tous les persécuteurs de Dieu et de son Église, de vos pères de 93, pour ne pas remonter plus loin; des deux Napoléon, et pourtant ils n'avaient porté qu'une main temporaire ou furtive sur ce que vous osez attaquer de front; tous ont porté la peine de leur attentat. Et maintenant continuez ce que vous avez commencé; vous avez préparé votre châtiment, il sera la conséquence logique de vos fautes. Vous jouez avec le lion, et vous ne le voyez pas, c'est le lion qui joue avec vous en attendant qu'il vous déchire. Vous essayerez vainement de le retenir par des proies successives; dès aujourd'hui vous êtes sa victime, vous ne lui échapperez pas, jusqu'à ce qu'enfin alourdi par le sang et le carnage, somnolent, hébété, il se laisse enchaîner par le premier César venu et conduire aux jeux du cirque, à moins que Dieu n'en décide autrement, et j'en ai la ferme espérance.

Pour moi, vous êtes perdus; votre succession s'ouvrira demain; je cherche dès à présent qui vous doit remplacer.

Nous avons donc expérimenté toutes les formes de gouvernement; nous avons pu apprécier leurs avantages, le plus souvent, hélas! leurs résultats désastreux. Nos plaies saignent encore, et ce ne seront pas les dernières.

Dans ces variations, j'allais dire dans ces convulsions successives, des historiens tels que M. Louis Blanc, des politiques tels que M. Gambetta, ne voient que la conquête, la prise du pouvoir par les diverses couches sociales.

C'est l'apparence seulement, le petit côté de la question.

En fait, la révolution est une; elle peut déployer tour à tour certaines cohortes; son but est déterminé, unique, invariable : c'est la révolte et, s'il se pouvait, l'anéantissement. Il me sera permis cependant de retenir quelque chose de cette pensée. Notre but est contraire au sien, elle veut renverser, détruire, nous voulons édifier, conserver; nous devons donc agir d'une manière absolument opposée à la sienne. Là où elle divise, nous devons grouper, réunir les forces sociales en une seule harmonie, les faire concourir toutes à la grandeur, à la prospérité de la patrie. Nous devons chercher un pouvoir qui ait à la fois justice, autorité, s'appuie sur la nation entière, sans distinction, sans partage, prenne souci de tous les intérêts, nous laisse toute la liberté dont l'aliénation n'est pas indispensable, nous fasse grands, respectés, prospères, soit le plus digne de représenter notre beau pays et de lui commander. Examinons donc les gouvernements du passé; tâchons de reconnaître parmi eux celui qui satisfait le plus entièrement à ce programme, en commençant par le premier en date, l'antique monarchie légitime, héréditaire, traditionnelle.

CHAPITRE II

LA MONARCHIE LÉGITIME

Gouvernement constitutionnel. — Suffrage. — Chambre des députés. — Chambre haute. — Noblesse. — Clergé. — Question du travail. — Guerre. — Drapeau. — Résumé.

La maison de Bourbon aime la France avec sincérité, désintéressement, d'une manière violente, comme disait le bon roi Henri IV, et, l'on s'accorde à le reconnaître, notre gloire, notre bonheur forment sa tradition séculaire, le but de toutes ses pensées, de tous ses efforts.

Mais ceux qui ont revu la patrie après un long exil, qui ont rêvé de loin au toit paternel, abri de leur enfance, des joies et des douleurs de leurs ancêtres, peuvent seuls comprendre l'amour particulier, ardent, profond, de M. le Comte de Chambord pour son pays.

Il ne suffit pas cependant d'aimer la France avec passion, il faut encore connaître ses besoins, ses tendances, ses qualités, ses faiblesses; il faut pouvoir la régir comme elle doit être conduite. M. le Comte de Chambord a-t-il cette notion, cette science, et, pour employer la phrase vulgaire que chacun répète : Est-il l'homme de son temps? Je répondrais d'un mot : trop peut-être, si je ne lui croyais des lumières spéciales, des grâces d'état qui imposent une confiance respectueuse, absolue. Il n'a jamais craint d'exposer sa pensée. Il l'a produite en mainte circonstance dans des lettres rendues publiques; et l'on sait qu'il la gardera, c'est-à-dire qu'il la présentera telle à notre acquiescement, il l'a dit, répété bien des fois.

Il ne fera rien sans l'accord avec la nation.

Le premier terme de son gouvernement est la monarchie constitutionnelle appuyée sur le pays tout entier, sans distinction de classes, sans division de couches sociales, tous concourant au bien de tous.

Il n'apportera pas une règle toute faite : l'enthousiasme produit par la première charte ne le tente pas; la loi fondamentale sera débattue, consentie par la France; nous en partagerons la responsabilité avec lui.

A la base serait le suffrage universel, honnêtement pratiqué. Plus haut, deux Chambres : l'une élue par la nation, l'autre nommée par la

Couronne; au sommet, enfin, le représentant de la monarchie légitime héréditaire, le Roi.

La question du suffrage divise les meilleurs esprits; et, je m'empresse de le constater, les prétendus esclaves d'un régime autoritaire ont à cet égard les opinions les plus diverses, les discutent librement.

Le suffrage restreint a ses défenseurs. Il parait offrir des gages de prudence, de stabilité, de conservation; il semble présenter plus d'intelligence, une instruction plus étendue, un emploi plus intéressé de la fortune publique. Il peut enfin se prêter à des concessions ultérieures; c'est quelque chose en politique.

Ses partisans ne contestent ni l'origine de l'autorité ni sa détention par le peuple entier; mais ils pensent que le mode de transfert du pouvoir ressortant de la raison est défini, limité par l'intérêt social.

Comme toutes les choses humaines, le suffrage restreint a son côté faible et prête à la controverse. Par son peu d'étendue, il expose ceux qui en bénéficient à subordonner le bien public à leur avantage particulier; il est plus accessible à l'ascendant d'une coterie, à la corruption du pouvoir. Le soin d'assurer la domination d'un groupe peut lui faire oublier la prudence et jusqu'à la justice. Il subissait autrefois l'influence pernicieuse des jouissances matérielles. Il y laissait une partie de cette force, de ces qualités austères, de ces vertus qui font les citoyens; malheureusement, il n'est plus le seul. Il représente enfin une première délégation prise en dehors de l'homme, celle de la fortune.

Le suffrage universel, dans sa pratique, est d'origine révolutionnaire. M. le Comte de Chambord croit pourtant devoir l'accepter; nous en trouverons aisément le motif.

Il est le dernier terme du développement de l'intelligence, des mœurs, de la conscience d'un peuple; nous n'en sommes pas encore là, je dois en convenir. Il est impressionnable au mal, sujet à l'erreur; mais, affranchi des influences qui le trompent et l'égarent, il peut être aussi plus accessible au bien. Moins assujetti par sa nature à la domination d'une minorité, à l'orgueil, à l'asservissement de la matière qui lui fait souvent défaut, il peut devenir plus spiritualiste, plus apte aux sacrifices qu'imposent parfois l'honneur et la sécurité de la patrie.

Fondé sur la loi naturelle, je le dirai plus tard, il suppose nécessairement les facultés utiles à sa fin. Cette pensée peut surprendre au premier abord; elle n'en est pas moins difficile à contester.

Il n'est pas, comme on l'a dit, la loi du nombre : qu'on élargisse ou qu'on restreigne la base, les majorités retrouvent toujours leurs droits et leurs limites fixées par les principes qui échappent à leur action. Le suffrage universel repose lui-même sur un principe : la raison l'indique en premier lieu, tous les membres d'une association, même obligatoire, soumis aux charges communes, doivent concourir à leur établissement, à leur emploi dans la mesure du possible. Mais une force plus grande domine toutes les considérations. Le suffrage universel est le droit, et je l'établirai en son lieu d'une manière certaine (voir chap. VIII).

Est-il nécessaire de l'ajouter? en même temps, un droit social, humain, par son détenteur, n'est pas irréductible; il subit les défaillances de la nature humaine; il peut être suspendu, se perdre même par l'incapacité, l'indignité. La nation est juge à cet égard de l'individu : elle a le droit naturel et supérieur de se conserver et de vivre; elle peut décréter dans les limites de la justice d'une façon souveraine.

Un droit naturel enfin peut s'appliquer à un objet circonscrit, viser une nécessité particulière et y trouver une nouvelle limite.

Mais n'anticipons pas. Je viens de l'annoncer, j'ajourne ma démonstration entière, pour échapper aux redites.

L'heure actuelle ne paraît pas favorable au suffrage universel. En subissant le joug des passions grossières, de l'envie, de la haine, en se faisant l'organe du désordre moral et matériel, il semble prendre à tâche de fournir des armes à ses contempteurs. Demain, j'aime à le croire, il retrouvera sa raison d'être, sa dignité, son exercice utile. Il faut, je l'ajouterai, tenir compte, en politique, non pas seulement de ce qui pourrait ou devrait être, mais encore de ce qui est. Le suffrage universel est entré dans les habitudes depuis plus de trente ans; il est considéré comme un droit acquis, comme un patrimoine; fût-il prématuré, le restreindre serait une entreprise téméraire. Les regrets de la veille feraient place aux revendications du lendemain. Un peuple finit toujours par imposer sa volonté, je le dirai en son temps, et, dans certains cas, mieux vaut donner que de laisser prendre. Sachons donc vivre avec le suffrage universel, le moraliser, le purifier, le guider. Il nous en coûtera quelques efforts; n'est-ce pas la loi de la vie humaine? Sachons imiter de loin les admirables exemples de l'Église catholique, qui ne sont pas toujours assez connus ou suffisamment appréciés.

Sans abaisser jamais un seul de ses principes ou de ses dogmes, elle sait obéir à la prudence. Dans les choses même plus que douteuses, elle nous l'enseigne, la concession justifiée de la veille suffit à présumer la tolérance du lendemain. Or il ne s'agit pas ici d'une chose mauvaise en elle-même, non plus d'une indulgence : il y a donc un double motif d'emprunter un peu de cette sagesse. Bornons-nous à demander au suffrage universel notre première assemblée élue; ce sera la charge de la constitution, qu'elle devra former avec le Roi, d'établir le mode de suffrage, de lui assigner des limites, s'il y a lieu, d'assurer sa pratique honnête.

Une chambre issue d'un nombre d'électeurs réduits serait impuissante à le faire; le peuple entier a des droits plus réels, plus efficaces.

Parallèlement à la Chambre des députés élue par la nation existerait une assemblée choisie par le Souverain. Je ne puis, dans le cadre limité de ce travail, rappeler les considérations générales qui militent en faveur de l'établissement d'une seconde chambre.

Les esprits libéraux et éclairés l'admettent, c'est une pondération d'une urgence rigoureuse. Je m'attache seulement à ce que je crois être dans les vues personnelles de M. le Comte de Chambord. Sous un gouvernement constitutionnel, les droits et les responsabililités de la couronne se trouvant amoindris, il est plus indispensable que jamais d'utiliser pour le bien commun toutes les forces vives d'un pays, les intelligences, les aptitudes, les supériorités, les gloires. La délégation suppose des rapports continuels, un commerce incessant avec les électeurs. Cette nécessité devient plus impérieuse encore quand le suffrage est plus étendu. Pourrait-on l'imposer au général que réclament le commandement ou les études de la guerre, au penseur, au savant retenus dans leur cabinet de travail; au littérateur, à l'historien, à l'artiste dont les lumières cependant peuvent être utiles à certain moment? Ils attendront que le suffrage vienne les chercher, et la masse, oublieuse du talent, de la science, du génie, de la gloire militaire même qui semblerait pourtant devoir la toucher d'une façon spéciale, pourrait les tenir à l'écart. Elle songera d'abord à ses petits intérêts, à ceux qui viendront l'en entretenir, flatter sa vanité, peut-être. La médiocrité, la bassesse retrouveraient leur empire, et la représentation pourrait être livrée au moins digne.

Il importe de ne pas éliminer les personnages illustres, de ne pas priver la France de leurs services politiques. Pour obtenir ce résultat, il est essentiel de confier à la puissance Royale le soin de nommer les membres de la chambre haute. La République elle-même l'a compris; le pouvoir parlementaire s'est réservé la création d'un certain nombre de sénateurs inamovibles. Il faut encore prévoir le cas où la multitude viendrait à ne pas comprendre son avantage, peut-être à le mettre en péril. Un peuple se laisse tromper comme un individu, il lui arrive même d'obéir pendant un certain temps à une inspiration personnelle malheureuse. L'une des deux assemblées, pour être un véritable contrepoids, ne doit pas émaner de la même source que la première. Mais, dira-t-on, la chambre ainsi formée manquera de force, d'indépendance, deviendra servile. Je n'ai pas cette crainte. Elle doit se composer de toutes nos sommités : oserait-on penser que, dans l'élite même de la nation, il n'y a plus de caractères? S'il en était ainsi, la France aurait vécu, il serait oiseux de préparer son avenir. La dignité à vie, la certitude du lendemain qui préserve la faiblesse humaine des capitulations me paraît offrir en outre une garantie suffisante d'indépendance. Il y en avait une plus grande autrefois, l'hérédité. Elle était la pondération utile, nécessaire d'un pouvoir royal absolu. Elle a fait son temps comme ce pouvoir, elle n'a plus sa raison d'être.

Le gouvernement constitutionnel, démocratique, je le répète, suppose l'aide de la nation entière. Le peuple se réservant une somme plus forte de droits, la noble ambition de régir les hommes doit s'étendre à un plus grand nombre. Chacun doit s'appliquer aux affaires, obtenir une part de puissance s'il est le plus digne de l'exercer. Lorsque ce désir est motivé, s'appuie sur les services rendus, l'aptitude éclatante, la prééminence, il est bon de lui donner un aliment. Que de secousses nous ont produites les convoitises inassouvies menacées d'un juste dédain! Les prétentions gratuites, les appétences malsaines doivent continuer à être rejetées. Mais il importe de ne pas fermer le pouvoir aux aspirations plus légitimes, à ceux dont les titres sont véritables, dont l'effort serait utile, salutaire. Borner l'investiture à la durée de la vie, c'est permettre de multiplier les créations, d'appeler à la chambre haute un plus grand nombre d'hommes éminents, et faire profit de leur expérience.

Ici j'ouvre une parenthèse pour émettre une pensée toute personnelle : si elle est bonne cependant, et je le crois, elle trouvera, je n'en doute pas, son application.

Ce que j'ai pu dire d'une assemblée, je le dirai de la noblesse : elle doit être ouverte aux mérites, présenter une récompense accessible.

La noblesse exerçait autrefois un pouvoir soumis à l'autorité royale, pas assez dépendant peut-être de la puissance souveraine. Des ministres habiles avaient affaibli peu à peu ses prérogatives; elle a eu le mérite d'abandonner ses derniers privilèges avant même qu'on les lui enlevât.

Privée de ses attributions, elle semblerait devoir ne garder que des souvenirs historiques; mais elle a conservé sa marque distinctive, ses titres, et ils lui sont un relief, un honneur, un prestige. Ne serait-il pas avantageux d'en faire un motif d'émulation plutôt qu'un sujet d'envie? Elle a retenu la tradition de l'esprit chevaleresque; ne serait-il pas sage de le donner non seulement en exemple, mais encore en objectif?

Elle avait une belle devise : Dieu, la France et le Roi. Quelques-uns ont pu mettre en oubli Dieu et le Roi; la France, jamais. Il en est peut-être qui se résigneraient trop aisément à la guider dans des chemins de traverse; ce sont les novateurs, je dirai presque les transfuges. La noblesse a toujours été fidèle à sa charge de défense. Elle a gardé la passion des armes; son sang a coulé sur tous les champs de bataille, sur tous les points où était engagé l'honneur de la France. On a pu l'égaler, nul ne l'a surpassée en dévouement, en patriotisme, en bravoure. Et pourtant elle rencontre plus d'antagonismes, de préjugés hostiles que de justice; on voudrait l'écarter de la direction. Cela tient-il d'une manière unique à des souvenirs irritants, aux conflits d'un autre âge, à la lutte révolutionnaire même? Je ne le pense pas; il en est, je le crois, un autre motif.

Depuis une certaine période, par le fait des gouvernements, elle est forcément exclusive, n'est ouverte qu'aux usurpations. Sa volonté y est étrangère; elle n'a pas les prérogatives du Conseil de la Légion d'honneur, par exemple. Peu importe, on ne peut atteindre à ses titres héréditaires, on désirerait lui fermer en échange l'accès du pouvoir. C'est un sentiment peu louable, il suffirait de l'appeler par son nom pour le flétrir. Mais on ne gouverne pas les hommes à l'aide seulement des principes les plus élevés. M. Guizot le prétendait même, il faut renoncer à la politique, si l'on veut être un ange. Ce n'est pas, du reste, une concession d'admettre que la noblesse étant une récompense enviable par elle-même, convoitée pour son avantage héréditaire, ne doit pas être close aux mérites, aux services rendus.

La prépondérance d'une aristocratie n'est pas à redouter, comme on l'allègue avec une bonne foi contestable.

La noblesse agit au grand jour; on peut la juger à ses actes, et sa sincérité devrait tenir lieu de modèle à bien des gens. L'armée est son attrait : elle la partage avec tous; mais le drapeau de la France l'attire toujours, lui faisant oublier le fardeau et les avantages des fonctions civiles. Elle les remplirait pourtant aussi bien que personne. Je crois, dans une certaine limite, à l'hérédité des aptitudes, plus encore à l'influence, à l'exemple, à l'enseignement du foyer. Elle a gardé de son ancien pouvoir une tendance; elle aime à distribuer autour d'elle, un peu même à patronner; c'est là son vieux souvenir de domination. J'ai entendu quelquefois apprécier les fonctionnaires d'une autre époque, rappeler leur urbanité, leur obligeance, leur droiture : il est permis de comparer. Mais aujourd'hui, comme alors, on craindra toujours d'accorder trop à la noblesse. Le dévouement semble porter avec lui sa récompense; il a sa part dans le triomphe, et l'on dirait qu'elle lui suffit. Les faibles seuls doivent être ramenés, soutenus; c'est toujours à l'enfant prodigue que s'attacheront les meilleurs soins.

Il faut donc bannir cette crainte chimérique. Fondue dans la nation, nivelée par le suffrage universel, la noblesse conservera le droit de tous, celui d'obtenir le rang qu'assurent l'intelligence, le mérite, les services; elle n'y faillira pas. Si elle ne forme plus un corps, n'obtient plus de rang, elle produira des individualités brillantes; elles auront ce fini, cet achevé, cette distinction attractive qui font dire parfois : c'est un vrai grand seigneur. Ceux qui s'élèveront au-dessus de la foule seront dignes d'exercer la puissance publique, ne feront pas regretter certains fonctionnaires du moment.

L'ascendant de l'Église n'est pas à craindre davantage.

Certes, je l'espère et je le crois, M. le Comte de Chambord saura rendre à Dieu ce qui est à Dieu. Mais je n'hésite pas à le dire : je mets ma confiance en lui plutôt qu'en les usages de ses prédécesseurs; je n'excepte pas à cet égard la Restauration.

On a voulu découvrir, incriminer l'influence du clergé, des Jésuites durant cette période. Les observateurs attentifs, les gens impartiaux le reconnaissent aujourd'hui, ce n'était pas un grief sérieux. C'était une attaque déloyale, l'atteinte opportune de la révolution qui mesure la lutte à ses forces du moment, l'assaut possible livré aux premières défenses de l'ordre social. Le gouvernement lui-même, imbu parfois de fausses doctrines, s'y est laissé tromper, a manqué de clairvoyance et de force, donné la victoire aux ennemis de l'Église et aux siens. Tel a été ce qu'on voudrait appeler l'empire du clergé à cette époque.

La maison de Bourbon avait puisé dans l'exercice absolu du pouvoir, dans la connivence des parlements, une foi bien grande dans les droits royaux. Elle a fait des incursions sur le domaine de l'Église ; jamais l'Église n'a empiété sur le sien. Toutes deux le savent : l'autorité spirituelle garde un domaine absolu dans l'ordre moral, le pouvoir civil retient une puissance entière dans les questions purement temporelles. La lutte s'est établie quelquefois et pas toujours sur les questions mixtes ; l'agresseur, le conquérant a été la puissance royale ; le meurtri, l'opprimé, le pouvoir spirituel. La condescendance, suivant l'ordinaire, est venue du plus sage, et c'est lui qu'on voudrait redouter.

Nous avons un pacte, le Concordat. La Restauration y était étrangère, elle s'y est soumise aussi bien que l'Empire et les gouvernements venus après elle. Rien ne fait pressentir qu'il doive être abandonné par la monarchie. Cet accord obtenu dans des circonstances douloureuses n'est pas une menace ; loin de là, c'est une concession. Ceux-là pourraient nous en faire perdre le bénéfice, qui auraient à l'heure actuelle, l'imprudence, l'audace d'y toucher. Peut-être leur sera-t-il donné de remplir sans en avoir l'instinct des vues mystérieuses de la Providence ; il ne nous est pas permis de les pressentir. Si l'Église n'est pas à craindre, nous ne devons pas appréhender davantage l'influence du clergé et des ordres religieux.

Jè ne veux pas insister sur les vertus qu'ils recèlent, les supériorités qu'ils présentent, les services qu'ils rendent à notre pays, à l'extérieur et à l'intérieur; la tâche serait trop longue, le dénombrement trop étendu. Je me borne à dissiper certaines préventions. Les corps ecclésiastiques n'échappent pas à toutes les faiblesses humaines; il est impossible qu'il en soit autrement. Ils peuvent avoir des excès de zèle, des imperfections, offrir même des erreurs individuelles regrettables; cela peut-il entrer en balance avec leurs mérites? Ils peuvent tenir une certaine confiance de leur savoir et de leur dignité; en abusent-ils? Il leur arrive de connaître la loi mixte un peu mieux que l'autorité civile et de l'invoquer au besoin, ce n'est pas un danger social.

La direction spirituelle a des limites fixes, s'applique à des règles connues; les affaires temporelles lui échappent. En définitive, ceux qui appréhendent le plus l'influence du clergé voudraient retenir pour eux-mêmes une autorité abusive, inique, absolue, ou bien établir la suprématie des passions sur la morale. L'Église est là comme toujours pour défendre la liberté des âmes, sauver les faibles de l'oppression, assurer la justice et le bien : tel est le péril que l'on semble redouter. Mais, encore une fois, on peut se confier au pouvoir Royal ; il inclinera trop aisément du côté de la résistance, il pèchera par excès de présomption en ses droits, et le prêtre restera le ministre du Dieu dont le royaume n'est pas de ce monde.

Un troisième préjugé m'amène à dire un mot d'une question grave, celle du travail. Elle est à la fois chrétienne et politique, le complément obligé, le corollaire du suffrage universel. M. le Comte de Chambord a promis de s'y appliquer, de la résoudre dans la limite du possible, et il le fera. Lui seul peut y prétendre, obtenir une confiance assez grande pour aborder avec succès une pareille matière, garder un ascendant assez incontesté pour toucher à un intérêt aussi délicat. Tous ceux qui l'ont approché le savent, il a fait une étude particulière approfondie des questions sociales. Les peuples étrangers, mieux instruits que nous, hélas ! lui rendent ce témoignage et le divulguent dans leurs journaux. Un ministre heureux et habile, exalté dans son pays, mais dont une bouche française évite de prononcer le nom, ne croyait pouvoir mieux faire que de s'égaler à lui sur ce point. M. le Comte de Chambord ne nous a pas fait connaître encore tous les détails de sa pensée, le fruit entier de ses longues méditations. C'est un nouvel indice de sa prudence habituelle. Il n'y a pas là en effet une science fixe, à préceptes immuables ; les règles doivent se plier aux temps, aux circonstances, à la disposition des esprits. Si donc, on peut l'affirmer, le problème ne sera ni rejeté ni même ajourné, il est plus difficile d'apercevoir tous les termes de la solution. Il est permis cependant d'en pressentir quelques-uns à l'aide de ce qu'il a bien voulu rendre public, des principes généraux et des conditions particulières au gouvernement légitime.

L'État ne doit pas intervenir entre la liberté du maître et celle de l'ouvrier, mais seulement assurer d'une manière efficace ces deux libertés. Il lui reste néanmoins un champ d'action bien vaste encore. Il peut amener par son influence chacune des parties à une représentation calme, sérieuse, animée de l'esprit de justice, exempte des ferments qui rendent l'accord impossible. Il peut multiplier les instituts de prévoyance, de secours et d'instruction. Il peut récompenser le travail intelligent et consciencieux, lui accorder un relief, des faveurs. Il peut inciter à l'association. Il peut et doit soustraire les classes laborieuses aux excitations funestes qui les abusent et les égarent. Plus d'une fois nos ouvriers, croyant obéir à leur intérêt, n'ont subi qu'une pression antifrançaise et ont donné l'avantage aux industries rivales étrangères. L'État enfin peut relever, assurer le travail national par un sage régime économique; j'aime à croire qu'il n'y faillira pas.

Le rappel de la monarchie légitime indiquerait un retour de la France à l'esprit de droiture et d'équité; en pareil cas, le rapprochement devient facile en toutes choses.

La phase prospère venue à la suite enlèverait aux associations leur principal obstacle; et M. le Comte de Chambord a pu sans hardiesse téméraire promettre de les favoriser.

Et pourtant on essaye de le répandre dans nos campagnes : la rentrée du Roi présagerait une diminution des salaires.

Certaines manœuvres ne devraient obtenir que le dédain, ne pas mériter de réfutation et surtout ne pas exister dans notre pays. Rien n'est plus triste, honteux que ces calomnies grossières à l'adresse des crédulités faciles. Disons-le cependant, car il faut bien détromper les faibles : l'État s'ingérant dans les questions de salaires, à plus forte raison pour les diminuer, est une impossibilité radicale, un non-sens absolu. Le suffrage universel ferait immédiatement justice de cette ineptie. Mais, en outre, restreindre les salaires, c'est abaisser en même temps la consommation et l'impôt; quel gouvernement serait assez ennemi de lui-même pour le tenter, assez imprudent pour l'accomplir? On le voudrait sans pouvoir y atteindre. Bien naïf donc qui peut le croire; bien scélérat qui le répand.

Nul ne l'ignore, en outre : si M. le Comte de Chambord ne distingue pas entre tous les Français, s'il les enveloppe dans la même tendresse, il réserve sa sollicitude la plus émue pour le travail et la souffrance, ces hauts mérites devant Dieu.

Les salaires conserveront leur loi, celle de l'offre et de la demande, leur probabilité, l'élévation constante et non la décroissance. Je me trompe : une cause peut les atteindre, la rêverie libre échangiste. Cette haute conception suppose avant tout, non plus un peuple, mais un monde de sages. Sous prétexte d'abaisser le prix de certains objets, elle supprime en France la ressource destinée à les acquérir. Elle écrase l'agriculture, l'industrie et, par suite, la main-d'œuvre, mais elle conduit aux honneurs, à la fortune, au pouvoir, sur les ruines d'un peuple; heureux encore quand on ne l'a pas vendu. L'élaboration des tarifs de douane vient de nous révéler un fait instructif. Les libres échangistes les plus résolus sont ceux qui conservent pour leur industrie les droits protecteurs les plus élevés. Il leur devient impossible de s'abriter maintenant derrière une apparence de doctrine et de bonne foi; c'est bien la France jetée en pâture à l'Angleterre, à l'Amérique, à d'autres puissances moindres dans un but politique ou autre, avec une sauvegarde pour les initiés.

Mais on l'a pensé ou plutôt on l'a dit : M. le Comte de Chambord nous apporterait la guerre.

La guerre, et pourquoi donc? Nous aurions des alliés que l'on cherche vainement aujourd'hui; notre voix retrouverait son influence dans les conseils de l'Europe; notre diplomatie, son ampleur et son prestige. Est-ce là un motif de recours aux armes? Nous réunirions, au contraire, les meilleures espérances d'écarter ce redoutable fléau.

La guerre est parfois la ressource extrême d'un gouvernement affaibli, je dirai presque affolé. Elle peut devenir une impérieuse nécessité de défense. Les gouvernements forts, les nations fortes lui échappent. Qui oserait toucher à la France régie par son pouvoir légitime, soucieuse de la justice, du droit des autres aussi bien que de son titre et de son honneur, à la France conduite par son vrai Roi, abritée par le drapeau blanc? Je ne déserte aucune controverse.

Le drapeau est le symbole de la patrie. Il flotte

sur nos fêtes et sur nos deuils; il est l'indice de la puissance, nos soldats meurent pour lui.

La France avait autrefois le drapeau blanc; la révolution l'a remplacé par le drapeau tricolore. Elle l'a formé cependant de trois couleurs nationales, et l'on peut le tenir pour une réminiscence. Il est cher à ceux qui ont combattu sous lui, je le comprends. Il a été témoin de leurs succès, il s'est replié sur leurs défaites; les souffrances attachent plus encore peut-être que les joies. Il pavoise un certain nombre de villes de l'Europe, l'une surtout; mais, au jour du triomphe, il a dominé ces mêmes capitales.

L'armée n'en connaît pas d'autres depuis un demi-siècle, et pourtant elle en eût fait le sacrifice. Derrière la couleur est toujours la France, et c'est la France qu'elle sert avant tout. Il n'en est pas ainsi de ceux qui voulaient en orner les portes de leurs ministères. Le drapeau tricolore est le signe de la révolte, de la conquête sur l'autorité royale, le mépris du droit; c'est la pression, c'est la menace; ils ont voulu l'imposer comme une dépendance. Ils semblaient dire au Roi : « Vous seul pouvez nous tirer du péril; mais nous ne voulons du salut que si vous acceptez nos lisières, et recevez l'investiture de nos mains. »

Pouvait-il s'y résigner? Je crois entendre sa

réponse toute française : « Je ne puis être le Roi légitime de la révolution. »

Il s'engageait à fixer avec nous la couleur de notre drapeau; n'avions-nous pas seuls, en effet, qualité pour prononcer à cet égard? Qui avait donné à ces importants présomptueux la charge de formuler avant l'heure notre désir? Ils usurpaient la voix du pays; M. le Comte de Chambord a voulu décliner un concours suspect; il a fait preuve une fois de plus de sa haute sagesse. Ce que nous appelions avec lui, n'est-ce pas l'ancien droit national, le nôtre, le sien? Il venait donc accompagné du drapeau de nos ancêtres. Tenant le pouvoir du droit héréditaire créé par nos aïeux, il ne pouvait revenir en prince élu, gouverner parce qu'il était le meilleur seulement; il devait rentrer avec la certitude que nous admettions sa cause première, sa raison d'être, son droit. L'indice n'était-il pas de reconnaître le drapeau de ses prédécesseurs? Il nous offrait toutes les garanties de progrès; mais, pour l'accomplir, il lui fallait sa force entière et l'assurance de notre retour à la justice. Il ne pouvait nous sauver malgré nous, sans que nous en fussions dignes; il ne devait pas s'exposer à un échec. Si nous ne voulions qu'un serviteur à l'essai, un mandataire abaissé, pourquoi le rappeler, l'exil était plus digne et plus franc; ce n'est pas de lui qu'on pourra dire jamais : « Omnia serviliter pro dominatione. »

Il faut l'avouer, son heure n'était pas venue. La France ne lui avait offert qu'une réconciliation trompeuse; elle avait le sentiment du danger, elle n'avait pas encore l'instinct du salut. Comme si elle avait voulu justifier la prudence de M. le Comte de Chambord, oubliant un éclair de raison, elle s'est rejetée l'instant d'après dans les aventures, les périls, les hontes de la révolution, jusqu'au jour où elle en sortira meurtrie, humiliée, repentante, ouvrant trop tard les yeux à la lumière, revenue cette fois à la vérité. Malheur à elle en attendant; l'expiation approche sanglante, inévitable, fatale. Malheur bien plus encore à ceux qui l'ont égarée : ce sont les vrais, les grands coupables; ils porteront avec nous et sans nous aussi, je l'espère, la peine de leur sottise ou de leur félonie. Je dis de leur sottise; il en est qui peuvent alléguer une certaine bonne foi. Hommes d'étude, orateurs de talent, mais aveuglés par l'orgueil et l'erreur, deux termes indivisibles, ils se considèrent comme les arbitres de la nation; ils s'arrogent le droit de stipuler pour elle, ils pensent et disent : La France, c'est nous. Ils croient servir Dieu et la patrie, et ils ne s'en aperçoivent pas : ce qu'ils placent avant tout, c'est leur courte vue, leur ambition. Ils monteraient à l'échafaud révolutionnaire, s'inspirant d'un mot connu, et répéteraient à leurs enfants : « On vous dira que nous nous sommes trompés, n'en croyez rien. »

Mais quand ils se trouveront en face de l'éternelle vérité, alors que toutes les erreurs se dissipent, que les aveuglements s'éclairent, ils s'apercevront qu'ils ont sacrifié leur pays, perdu des milliers d'âmes peut-être ; ils seront réduits à invoquer comme des enfants leur ignorance et leurs intentions ; ce sera leur premier châtiment.

Je me résume : la monarchie légitime héréditaire est à la fois la liberté par la constitution, l'égalité initiale des droits par le suffrage universel, le sage équilibre des pouvoirs, la prospérité par l'encouragement au travail et l'assurance du lendemain, la grandeur de la France par le respect des puissances étrangères. Elle seule, j'en ai la conviction ardente, pourra nous sauver, nous soutenir dans la phase laborieuse de notre relèvement, nous conduire à l'état prospère que nous devons chercher pour notre patrie.

CHAPITRE III

LES GOUVERNEMENTS DE FAIT

L'Orléanisme. — L'Impérialisme. — La République. — Conclusion.

Je me suis engagé toutefois à mettre en parallèle les pouvoirs intérimaires, ceux qui ne doivent pas prétendre à l'héritage ni même à la soumission, mais envers lesquels cependant le droit de résistance est limité. Nous pourrons les juger à leurs principes, comme nous avons pu les apprécier à leurs résultats. Ils ont un lien commun, ils portent à des degrés successifs la marque de la révolution. La révolution, ce mot me fait toujours frissonner. On peut le dire sans crainte d'erreur, elle ne date pas d'un siècle, elle ne vient ni de Rome, ni d'Athènes, elle ne résulte pas des abus, elle ne tend pas au progrès; elle a pris naissance le jour de la révolte des mauvais anges, elle ne finira qu'avec le monde. C'est la lutte du mal, le combat du pire ennemi de l'humanité, la rébellion contre Dieu et la puissance venue de lui.

Pour arriver à son but, elle sait avec une habileté diabolique revêtir tous les déguisements. Lorsque l'heure ne lui est pas encore favorable, qu'elle a besoin de ne pas effrayer, elle se présente sous sa forme la plus adoucie, la moins repoussante, la plus trompeuse. Elle ménage, elle exalte même les intérêts matériels; il lui suffit de mettre en cause les intérêts moraux. Indiquer pour la France cet aspect lénifié, c'est désigner l'ancien Orléanisme. J'espérais n'avoir pas à le mentionner. Le sang des Bourbons a reparu, les princes ont retrouvé les sentiments qui peuvent seuls faire leur honneur et leur gloire; ils se sont groupés autour de l'auguste Chef de leur race, ils ne l'abandonneront plus. Ils ont fait noblement leur devoir, et, je n'hésite pas à le dire, ce devoir était conforme à leur intérêt.

Leurs amis véritables les ont suivis. Mais, si les souvenirs attristants sont effacés, il reste un fait historique difficile à laisser en oubli, alors que je dois signaler les différentes métamorphoses de la révolution, les phases diverses de son empire. Il est donc nécessaire de rappeler d'une façon succincte ce premier errement, cette atteinte au principe d'ordre, de justice et de stabilité.

Le prétexte de la monarchie de 1830 était la liberté politique, l'égalité des droits, l'indépendance religieuse.

Le véritable terme de ce libéralisme était l'abaissement de la Couronne au profit d'ambitions subalternes. En dehors de cette pensée, nul ne s'entendait mieux à revendiquer les droits de l'Etat, même à les amplifier. La liberté nécessaire primordiale de l'enseignement était promise sans être obtenue. La presse subissait les lois de septembre, et, quelques semaines après, on aurait pu demander la liberté comme sous la Restauration. Je l'ajouterai pour l'heure actuelle, le libéralisme de M. le Comte de Chambord ne le cède à aucun autre; il peut effrayer par son étendue, on ne peut le redouter pour sa limite.

L'égalité ne tirait pas de ce régime un avantage plus appréciable : la bourgeoisie n'obtenait pas un pouvoir qui lui fût fermé; elle y avait déjà l'accès le plus large. Elle s'y cantonnait seulement d'une manière exclusive au nom d'un prétendu titre de l'intelligence et de la fortune. C'était la domination d'une catégorie, le privilège pour ses tendances et pour ses vues. La masse du peuple continuait à rester à l'écart, avec elle, les âmes d'élite fidèles à leurs principes, à leurs consciences, à leur foi. L'égalité véritable, je n'ai pas besoin de le dire, est dans le suffrage universel que nous faisons nôtre, et non dans le suffrage restreint. L'Orléanisme a sombré sur une question de réforme électorale : il faut l'avouer, c'était double justice. Il représentait enfin une sorte d'indocilité religieuse, de scepticisme, chers à ceux qui espèrent abriter quelque faiblesse sous une prétendue force de l'esprit, aux intelligences hors d'état de s'élever jusqu'à un sommet, réduites à s'arrêter en bas ou à moitié chemin. Là surtout était l'indice de la servitude révolutionnaire.

Aujourd'hui, la lutte est engagée plus à fond; le mal n'admet plus de juste milieu, il veut commander et régner à la place du Christ. Les yeux se dessillent, s'éclairent aux feux de la tempête; l'incrédulité fait place à la foi chez ceux qui en sont dignes, et c'est le plus grand nombre. Quel serait donc le motif apparent, la chance de succès d'un nouvel Orléanisme ou d'une phase analogue, je ne saurais les apercevoir. L'opposition mesquine au pouvoir souverain a fait son temps; la France tendrait plutôt à fortifier l'autorité. Demain peut-être, effrayée de certains excès, perdant toute mesure, passant d'un extrême à l'autre d'après son usage, cherchera-t-elle le salut dans la dictature? Mais elle se gardera de le demander à un régime faible, mal assis, sans appui, sans force, sans base et sans droit. Il y a bien encore, je le sais, quelques républicains d'une nuance assez difficile à déterminer; j'en connais, d'autres aussi peut-être. Quelle était leur pensée première? Je n'ai pas à la rechercher. Mais, en ce moment, les uns essayent d'interroger l'horizon; d'autres sont en quête d'une épée qui les protège et se placeront derrière elle sans regarder à la main qui la tiendra; tous resserrent leur masque en attendant.

Ils finiront peut-être par s'accommoder avec un fantoche qui n'ait rien à leur reprocher, une sorte de refuge des pécheurs politiques; mais ils ne s'éloigneront jamais des espérances de réussite pour s'efforcer d'en créer d'autres; ce ne sont pas là des Orléanistes. Ne nous attardons pas à des souvenirs sans actualité, à des songes pénibles heureusement dissipés par le réveil.

L'Empire est pour nous une seconde étape de la Révolution. On pourrait s'en convaincre à la manière dont il accueille ou recherche les républicains qui consentent à passer, de l'un à l'autre degré, aux doctrines qu'il leur emprunte. Pour ma part, j'en suis persuadé, la République aurait moins d'adhérents si le premier Empire n'avait mis en relief le côté utilisable de certaines conversions, et le Bonapartisme aurait moins de fidèles s'il ne comptait sur la République pour lui aplanir les voies. La lettre du prince Jérôme Napoléon (5 avril 1880) est venue lever les doutes des moins prévenus. « La destinée de ma famille, écrit-il, a été en 1800, comme en 1848, de sauver la révolution des entreprises de la réaction royaliste. » Il est impossible de mieux préciser. Le prince n'ajoute pas : et des périls de la démagogie; messieurs les républicains lui sauront, j'en suis convaincu, le meilleur gré de cette attention délicate.

L'Empire ne se présente pas à la suite d'une monarchie régulière; il succède à une crise, à un bouleversement profonds, dans lesquels il a pu mettre la main. « Jetons d'abord la France à l'eau, nous la repêcherons après, » disait en 1848 le serviteur le plus fidèle du prince Louis, dans un langage dont je lui laisse toute la responsabilité. En effet, le bonapartisme peut alors se présenter comme un refuge; c'est un abri mal assuré. L'Empire est un écueil que l'on prend pour une bouée de sauvetage, une seconde perte promise à des naufragés. Son origine implique la dictature, la tyrannie; la révolution en profite pour assurer avec plus de force sa lutte antireligieuse. Certains efforts pour établir un culte qui tienne à la fois de la religion et de la politique ne peuvent infirmer ce dessein. Formé sous la vaine espérance de sauvegarder les intérêts, de concilier l'ordre matériel avec le désordre moral, il ne peut aller directement contre son but. Mais la révolution ne se trouble pas pour si peu; féconde en subterfuges, elle emploie le mirage de la gloire, le couvert de la politique; elle attire à la guerre : nous en connaissons les résultats. La lutte contre l'Église catholique, la lutte contre l'Europe sont les traditions implacables de ce régime; il ne veut ou ne peut pas y échapper. Nous en avons porté la peine à chaque épreuve. Le despotisme du premier Empire s'appuyait sur l'armée; la domination du second s'étayait de la foule; tous deux nous ont conduits au même point : à l'abaissement des mœurs, à l'affaissement des caractères, au châtiment, à l'invasion, à la ruine. La sécurité ne peut se joindre chez un peuple à l'oubli des principes : les actes humains doivent avoir des sanctions humaines; l'âme seule peut renverser cette formule, et les peuples n'ont d'âme qu'au figuré.

Je ne mettais certainement pas en doute les sentiments chrétiens du Prince impérial; mais pouvait-il s'affranchir des terribles conseillers dont nous avons fait la douloureuse expérience? lui était-il possible de modifier la situation créée par son père? Ses partisans, sa raison d'être lui auraient imposé les mêmes erreurs, les mêmes fautes. Pouvait-il réparer les attentats, les crimes antérieurs et nous préserver de leurs conséquences inévitables?

Par-dessus tout, quelle était sa force, son droit?

Un plébiscite, je le démontrerai plus loin, est sans objet et sans valeur, tant qu'un pouvoir légitime dépossédé subsiste et proteste. La fin militaire et prématurée du jeune prince lui assure une glorieuse et sympathique mémoire. Elle place en outre les destinées du bonapartisme en des mains singulières. Les moins prévenus ne peuvent se le dissimuler, ce serait l'Empire révolutionnaire à tous égards, sous sa forme la plus aiguë, la plus redoutable. La fraction judicieuse et saine de ce parti s'effraye justement et l'abandonne; puisse-t-elle avoir de nombreux imitateurs! L'Empire, en effet, ne serait plus seulement un désordre, un péril; l'Empire ne serait pas digne de porter le drapeau de la France.

La république est le dernier terme de la révolution. Elle lui permet de tout oser, de tout accomplir; il lui suffit de préparer son œuvre et de la conduire avec une sage lenteur. Elle la présente au début sous un aspect qui ne puisse effrayer. Le pavillon, c'est comme toujours la liberté, le gouvernement de tous par tous, la chose publique régie par les plus capables et les plus dignes, par les mandataires du peuple sans cesse renouvelés.

Tous les intérêts, la religion, la propriété, la famille, semblent devoir être garantis, devenir même l'objet d'une sollicitude plus active. C'est l'économie, la défense des faibles, le relief des gens injustement effacés. Les masses se passionnent vite pour ces apparences. Les principes, les enseignements de l'histoire leur font défaut; le danger de certaines doctrines ne les frappe pas, non plus le manque de consistance de ces soutiens empressés. Comment le peuple s'effrayerait-il d'ambitions qui s'abritent sous le couvert de ses intérêts, le flattent, l'exaltent avant de le fouler aux pieds, répondent enfin à ses instincts douteux? Le peuple aime en effet à abaisser ce qu'il a élevé, à vaincre la force devant laquelle il a dû s'incliner. L'impôt est lourd, le travail n'apporte qu'une existence difficile; n'est-il pas bon de donner le pouvoir à ceux qui promettent de diminuer les charges et d'élargir les profits. Ils doivent tout respecter, faire obtenir l'indépendance, égaliser les droits et les fardeaux; les abus seuls sont menacés. Il y a bien sans doute une révolte première, un coup de force à mettre en oubli; n'était-ce pas une obligation rigoureuse et par suite légitime? Pour affermir son existence, la république a dû s'imposer par l'intimidation, la contrainte; était-il possible d'échapper à cette nécessité? et, du reste, cela peut-il entrer en balance avec le bonheur qu'elle apporte, ou du moins qu'elle promet?

Il reste dans les mémoires quelques souvenirs douloureux, effrayants : Ce sont les erreurs d'un autre âge; elles ne se renouvelleront plus. L'école autoritaire a cessé d'être; avec elle tous les excès disparaissent, il n'y a plus que fraternité, tolérance et sécurité.

Telle est la république à l'origine : pleine de ménagements et de fausses promesses; la dissimulation, la duplicité, la fourberie ne lui déplaisent pas. L'hypocrisie, le mensonge sont pour elle des armes licites, l'une des formes de l'habileté.

Elle entraîne ainsi des esprits faibles, des amours-propres en éveil, des consciences abaissées. Ils sont accessibles à la vaine gloire, à l'ambition, à l'envie; sevrés des principes qui viendraient les garantir, ils se placent à la suite de la multitude avec l'espérance de se retrouver à la tête. N'ont-ils pas recueilli, même édifié de grandes fortunes? Ils se sentent nés pour la conduite d'un peuple, fût-il en état de sédition. Par leur habileté, ils sauront contenir, diriger, conduire; et, si le danger se présentait, ils seraient de taille à l'écarter. Prudhommes rêvant de Machiavel, gribouilles en quête de salut, gérontes et dandins, ils bercent sur leurs genoux la république des autres, lui donnant un nom, la possession d'état, l'existence légale.

La révolution les joint à des hommes d'une valeur plus haute, d'une ambition plus grande, tout aussi imprévoyants, quelques-uns plus délétères. Elle les réunit, les groupe, les montre les premiers, leur confie le pouvoir.

Les vrais sectaires s'effacent ou ne se montrent qu'à demi; mais ils ont eu soin de se prémunir, d'exiger des garanties impossibles à répudier dans la suite. Sous l'égide des uns, l'aveuglement des autres, les mauvaises passions excitées dans l'ombre se développent, le sens moral s'atténue, s'efface et se perd; le mal étend son audace, sa force, son empire.

Les réformes, l'économie se font attendre; c'est la faute de la réaction qui conteste la république : ainsi s'éveillent les premières graves animosités. La nation est placée sur une pente vertigineuse, il lui est impossible de revenir en arrière.

La révolution se sent plus ferme, plus assurée; ses exigences augmentent. L'attaque devient plus vive, plus âcre, plus étendue; les avidités, les haines, les vengeances se montrent à découvert.

La liberté fait place au jacobinisme, le jacobinisme à la terreur; la tyrannie sans limites succède à la domination sans frein.

Le but apparaît, il est impossible de se le dissimuler : c'est la dépossession et, s'il se pouvait, la destruction.

Ceux-là le connaissent bien qui ont pris des engagements pour arriver à la puissance. Ils ont voulu s'élever à tout prix, peut-être avec l'espoir de modérer, d'atténuer, de gagner du temps. On les a supportés comme une transition ; ils s'en aperçoivent aujourd'hui : ce qu'ils ont promis mène forcément, à l'échéance la plus courte, au péril. Les uns ont voulu s'arrêter, le suffrage s'est retiré d'eux.

D'autres se frappent la poitrine, pleurent quand on ne peut pas les voir, mais continuent à marcher en avant. Lorsqu'on reste à la tête, on paraît encore commander, et si le choc n'est pas à craindre, les plus exposés sont les retardataires. Je pourrais en citer qui, après avoir affirmé leur républicanisme durant le jour, s'écrient dans l'ombre : « Il n'y aura donc pas un sabre pour nous délivrer ? » Voilà le dernier espoir des niais, des ambitieux, des timides qui nous ont conduits au point où nous sommes.

D'autres enfin ont tout juré avec le dessein de tenir : anéantissement de l'autorité régulière, de l'ordre moral et religieux, de l'ordre matériel. Ceux-là même n'échappent pas à toute inquiétude. Les intérêts deviennent parfois clairvoyants, les ruines sont improductives; il n'est plus possible de gouverner un peuple en délire.

Il faut se soumettre pourtant ou expier : la révolution n'admet pas qu'on la trompe.

Ils s'efforcent d'obtenir un délai. Ils enseignent comment le tigre rampe dans l'ombre, amortissant le bruit de sa marche pour tomber avec sécurité sur sa proie; comment il faut laisser la victime s'endormir dans une fausse quiétude, sinon l'homme pourrait bien tuer la bête. Le serpent qui se montre trop vite à découvert fait fuir ou provoque la lutte : ils disent comment il doit fasciner d'abord, enlacer doucement, puis donner la piqûre mortelle.

Je ne sais de quel nom cela s'appelle en politique; c'est, en définitive, la ruse du forban, du bandit, l'astuce du bravo qui s'incline pour frapper avec plus de certitude.

Mais la révolution n'est pas patiente, ne veut pas attendre, leur crie d'avancer, les pousse devant elle. Il faut lui jeter une première victime : ce sera la Religion. Ses défenseurs ne sont plus nombreux et ne prennent pas les armes; on les tient pour les adversaires les moins redoutables. C'est en même temps la conquête la plus précieuse : le jour où l'on pourrait dire : Il n'y a plus de Dieu! il n'y aurait plus d'autre loi que leur force, d'autre règle que leurs passions; ils auraient accompli leur mandat. Les uns gardent cet espoir et s'y emploient avec une duplicité, une hypocrisie tellement grossières qu'elles frappent les yeux les plus obscurcis. D'autres y cherchent un atermoiement, un dérivatif, y joignent une espérance. Le succès sera long, difficile, impossible même à recueillir; pendant ce temps, une circonstance imprévue, une combinaison machinée par eux pourrait tout sauver.

Ils se réunissent, en attendant, pour attaquer la religion, l'Église catholique en particulier, l'implacable ennemie de l'erreur et du mal. L'issue n'est pas douteuse. Dieu l'a promis : son Église ne périra pas; les portes de l'enfer ne prévaudront pas contre elle.

Il tolère cependant qu'elle soit éprouvée par la persécution, que les âmes s'y retrempent, y puisent une nouvelle ardeur, une nouvelle force. Il permet que les siens obtiennent la récompense plus haute, la gloire, la couronne du martyre. Mais nous l'apprenons en même temps à chaque épreuve : les peuples n'ayant pas de seconde vie subissent en ce monde les conséquences de leurs fautes, de leurs crimes. L'abus de la force est le prélude de la faiblesse, de la défaite, l'oubli de la justice, le désordre moral est le préliminaire du trouble matériel. Dieu souffre qu'on atteigne dans une certaine limite ses fidèles; mais lorsqu'on rejette ses règles tutélaires, les droits, les devoirs qu'il avait établis; lorsqu'on laisse briser les défenses qu'il avait édifiées autour de l'ordre social, entamer le rempart dont il abritait la famille, les assaillants se précipitent sur la cité, la mettent au pillage, en égorgent les habitants.

Aujourd'hui la loi divine, la règle morale; demain les intérêts; après-demain les vies : tel est en France l'itinéraire inflexible de la révolution sous la République. Pressé d'arriver à l'objet essentiel de mon étude, je ne puis noter toutes les pierres milliaires de la voie; mais, je dois l'affirmer, lorsqu'on a franchi la première, il est impossible d'éviter celles qui viennent après.

Je mets au défi tous les républicains honnêtes ou non, en face des passions qu'ils sont obligés d'éveiller pour obtenir la puissance, d'affirmer avec sincérité l'espoir d'un gouvernement retenu, libéral, conservateur, durable. Est-il nécessaire de rappeler le mot de celui qui passe pour être le grand chef de la tribu : « Lorsque j'occuperai le pouvoir, je maintiendrai l'ordre pendant deux années encore; après, je ne réponds de rien. » Non, les plus intelligents ne se le dissimulent pas : la république en France conduit fatalement à la perte, à la mort ou bien à la réaction. Il en est qui espèrent changer de barque, se faire acheter au moment voulu; ce sera la honte éternelle du premier Empire d'avoir couronné et fait naître pour l'avenir de semblables calculs; ce serait l'opprobre de tout autre régime de suivre un pareil errement.

La révolution, je le répète, viendrait tout anéantir, si la destruction totale n'échappait à sa latitude, à sa puissance. Nous en avons de tristes exemples, l'histoire est là pour démontrer que je n'exagère rien.

En 89, on avait offert toutes les réformes, elle les a repoussées avec dédain; il s'agit bien de réformes quand le succès est assuré. Paris, Lyon, Nantes, Marseille et tant d'autres villes ont gardé la mémoire du but et des moyens de la révolution triomphante. Ce jour-là, dépouillant tout artifice, elle a montré sa face hideuse. Elle a voulu glorifier toutes les ignominies, les crimes les plus odieux, les turpitudes les plus abjectes, et l'on aurait pu croire à des saturnales de démons. Dieu n'a pas eu besoin de la foudroyer comme les mauvais anges; il a laissé les révolutionnaires à leurs instincts, et ils ont fini par se déchirer entre eux.

Le souvenir était terrible, efficace, instructif; il fallait l'atténuer, le voiler. Epoque d'erreur, a-t-on dit; le peuple, affranchi d'une longue oppression, avait accumulé bien des souffrances et des haines; il s'est laissé entraîner à des colères aveugles, sauvages. Depuis, la liberté, l'instruction ont adouci les mœurs, l'école jacobine a disparu, de semblables excès ne sont plus à redouter.

La Commune est venue répondre à ces vains mensonges. La Commune, le crime le plus monstrueux de lèse-nation qui puisse se rêver sous l'œil satisfait d'un vainqueur du dehors, d'un adversaire implacable. Là encore, on prétend invoquer les souffrances de la guerre, l'humiliation, la faim.

Mais alors pourquoi l'amnistier, la glorifier aujourd'hui, lui préparer l'accès des honneurs et bientôt de la puissance?

On pardonne au repentir; où est le repentir? Demandez à votre gouvernement s'il sait autre chose que des colères et des menaces. Il est impuissant à résister, et déjà on ne ménage plus rien, on lui impose la loi de pactiser avec cette tentative avortée d'un nouveau 93. Cette date attire fatalement, on nous y conduit par degrés, demain nous verrons au pouvoir ceux qui doivent la rappeler. Que les républicains abusés, les ingénus, les simples d'esprit ou de conscience ne viennent pas dire : c'est une exagération; rien n'est changé dans les doctrines, rien n'est converti dans les fins. Je pourrais citer nos Dantons et nos Robespierres, je pourrais désigner nos

Héberts et nos Marats; le nom seul des thermidoriens m'échappe, je l'apprendrai à leurs actes. La République en France a toujours servi de couvert aux mêmes desseins, aux mêmes entreprises; ses traditions sont immuables, et, il faut le dire à notre honte, ce sont elles qui attachent la plupart de ses adhérents. Pour en faire un gouvernement et non plus un prétexte il faudrait effacer son histoire, changer son but et ses moyens, détruire les passions, créer des sages; en vérité, nous entrons bien dans cette voie.

Il serait puéril d'insister. La République, telle qu'on la comprend dans notre pays, n'est autre chose que la révolution à l'état aigu. Elle ne peut nous donner ni l'assurance du lendemain, ni prospérité, ni grandeur; elle oppose un obstacle insurmontable à tous ces avantages. Elle est l'adversaire de toute justice, de tout bien, de tout progrès; le progrès suppose la vie, et elle tend au nihilisme, le proclame, s'en glorifie.

La République en France est le désordre érigé en principe, la lutte contre l'autorité divine, la morale et le droit, l'agression contre l'existence sociale, les intérêts, la vie humaine, la victoire de la honte, le triomphe du mal. Ce serait la chute à l'abîme, la perte, si la Providence ne lui avait imposé des bornes qu'elle ne pourra franchir avant l'époque de la fin du monde. En raison peut-être de cette limite on affecte de n'y découvrir qu'une sorte de montagne russe dont l'autre versant appartiendrait à la dictature.

Cette perspective ne déplaît pas à tous les républicains. C'est une triste espérance; c'est en même temps une illusion. Dieu se lasse de relever des ruines, de voir couler le sang de ses serviteurs. Il leur enjoint le pardon, mais en même temps il a promis de prendre en main leur cause, de venger leurs injures. Ce jour-là, les criminels disparaissent ou s'égorgent entre eux comme des larrons pour une part du butin; le peuple coupable se livre lui-même à la conquête, à la servitude, à la mort. Nous en avons des exemples.

Je n'espère pas opérer de conversion, même parmi les gens de bonne foi; la pauvre intelligence humaine faiblit toujours sur quelque point. Si la politique est trop souvent l'hypocrisie des scélérats, l'aberration des fous, elle est aussi l'incurable utopie de quelques esprits faux; la peur de son côté ne raisonne plus.

Je ne ferai même pas monter le rouge à certains visages; il n'y a plus pour eux d'opprobre ou de remords; la crainte du châtiment peut seule les toucher; encore en est-il, comme ce fédéré de la Commune, qui consentiraient « à recevoir du plomb dans la tête » pour quelques semaines de jouissances éhontées.

Mais chacun doit savoir où l'on nous conduit, ne pas invoquer ensuite son ignorance ou sa naïveté. Si nous avions su! dira-t-on plus tard. Libre à vous de savoir si vous le voulez.

Je me résume :

Les gouvernements issus de la révolution, soustraits à la loi d'ordre, ne peuvent nous apporter qu'instabilité, divisions, luttes, catastrophes.

La République, malgré le sophisme de M. Thiers, est encore celui qui nous divise le plus, produit les antagonismes les plus violents, les conflits les plus désastreux, amoncèle les ruines les plus irréparables. La Monarchie légitime, héréditaire et traditionnelle répond par contre à tous nos besoins, à toutes nos aspirations, nous offre toutes les garanties de bonheur que nous puissions rêver pour notre pays et pour nous-mêmes. C'est la démocratie rendue possible sous le palladium de l'autorité régulière, l'ordre et la liberté, le repos, la puissance, le bien. Mais ne s'impose-t-elle à nos désirs que par ses avantages? Sommes-nous libres dans notre choix? Je ne le pense pas.

N'est-il pas un droit, méconnu peut-être, assuré pourtant, vivace, indestructible, que nous sommes tenus d'admettre sous peine de renoncer au bénéfice de toutes les prescriptions tutélaires?

N'est-il pas un titre devant lequel il faut s'incliner, si nous ne désirons vivre sans règle, livrés au hasard, aux aventures, aux périls certains? je vais essayer de le démontrer. Pour le faire, je suis obligé de jeter un coup d'œil rapide sur le principe général d'autorité; d'examiner sa nature et sa source, son existence humaine; d'établir les droits qu'il peut conférer, les devoirs qu'il impose; d'appliquer les conclusions à notre pays.

Me serait-il permis de le dire avant de commencer? Je m'efforce de n'être pas un téméraire. Je me suis demandé, après d'autres, si cette étude était bien opportune, s'il n'y avait pas là un droit mystérieux commandant la réserve aux profanes, des fondations cyclopéennes sur lesquelles il était difficile à la science, modeste surtout, de prononcer. Il m'a semblé que l'examen de ce droit ressortait de la logique et de la raison, appelait leur exercice; que les titres de la monarchie légitime ne perdaient rien à être vus de près, pouvaient s'établir au contraire d'une façon nette, précise, irréfutable. Puissé-je être assez heureux pour faire partager ma conviction profonde à quelques âmes droites, transformer au moins des sentiments en croyances raisonnées. Certains de nos amis tiennent la vérité pour éclatante par elle-même; tel n'est pas le partage de notre faiblesse. Les yeux ont besoin de s'ouvrir à la lumière, les cécités doivent être combattues, les vues saines prémunies. La vérité politique, comme toutes les notions humaines, est sujette à la controverse, doit être acquise, mûrie, parfois défendue. Pour la discuter avec utilité, pour la garder même, il est nécessaire de connaître les éléments qui la composent, dans lesquels réside sa force. La recherche en est parfois difficile, il est bon de la mettre à la portée de ceux qu'elle intéresse. Quand j'atteindrais uniquement à ce but mon soin ne me paraîtrait pas inutile.

CHAPITRE IV

L'AUTORITÉ, LA PUISSANCE PUBLIQUE

L'autorité réside d'une manière exclusive en Dieu, ne peut venir que de lui. — Existence de Dieu. — Loi naturelle. — L'homme n'est pas souverain, n'a pas l'autorité morale, ne peut la déléguer à titre personnel. — Sans l'autorité morale, il n'y a pas de puissance publique en droit, même en fait. — Un pacte ne saurait former une autorité d'origine humaine, ou transmettre un pouvoir que l'homme n'a pas. Défaillances secondaires du pacte humain : en admettant qu'il pût se former, il ne pourrait obliger que les associés volontaires, ne s'étendrait pas aux descendants, ferait perdre le droit de punir, ne donnerait pas le droit de guerre en son entier. — Résumé. — Conclusion.

L'AUTORITÉ est le droit de commander et d'être obéi, de contraindre et de punir. Elle est l'apanage de la suprématie, du domaine relatif ou bien absolu.

L'autorité humaine est la puissance de l'homme sur un autre homme, dans la limite du juste, du bien, de l'avantage individuel ou commun. Elle est la direction, l'appui, la tutelle, la défense, la répression nécessaires à la faiblesse. Je ne dois examiner en ce moment qu'une des formes de cette autorité, le pouvoir social, celui qui peut et doit exister sur une réunion d'hommes, de familles, sur un peuple; son nom est la puissance publique. Son existence est indispensable; sans elle, l'agglomération ne pourrait se préserver ni se conserver.

Lorsque chacun veut ordonner, les efforts se divisent, se combattent; la dispersion et la perte ne peuvent être évitées.

Mais pour étudier cette puissance, même succinctement, pour constater sa nature, ses caractères, sa régularité, sa force, il faut remonter avant tout à son origine. Il est nécessaire de rechercher quelle peut être la base d'une autorité civile légitime, à quelle source elle vient puiser le droit et l'efficacité.

Le pouvoir social est-il seulement le produit de la raison humaine, de l'accord des volontés, de la loi consentie, d'un contrat de salut? où prend-il son point de départ plus haut, dans une sphère supérieure, sa règle dans une loi divine?

Pour résoudre cette question, il est nécessaire de rechercher tout d'abord si l'homme naît libre à son début, souverain, en pleine possession d'une autorité qui lui soit propre, personnelle, dont il puisse disposer à ce titre, ou bien s'il rencontre une puissance primordiale, créatrice, divine, qui s'étende à tout ce qui le concerne, par conséquent à sa vie sociale, au pouvoir qui lui est nécessaire.

Si l'homme tient la vie d'une puissance supérieure, l'aspect, l'examen de ses merveilleuses créations nous l'indique; cette puissance est infinie. L'Etre qui nous a fait sortir du néant, qui a formé les cieux, la terre, doit garder un pouvoir sans bornes. La nature d'un pouvoir sans limites est que tout lui soit assujetti, que rien n'échappe à son domaine.

Tout ce qui a été produit n'a pu venir que de ses mains, l'autorité humaine comme le reste; cette autorité n'est qu'une émanation de la puissance créatrice sans laquelle rien n'existe, à laquelle tout est soumis.

Tel est en effet le principe certain; il est un Dieu qui nous a tirés du néant; en lui réside la puissance infinie, la seule puissance; l'homme n'a rien qu'il ne tienne de lui. L'autorité humaine indispensable à sa conservation, à celle des peuples est un don prévoyant de ce Créateur; elle ne peut exister en dehors de lui.

La manière la plus efficace de l'établir d'une façon brève, précise, concluante, est, si je ne me trompe, de discuter d'abord, d'écarter la proposition inexacte, erronée, d'exposer, de fixer ensuite les vrais principes. Affranchie de l'obstacle, ma marche deviendra, non pas plus sûre, au moins plus rapide, comme il convient à un simple exposé de doctrines, dont l'examen approfondi comporterait un développement trop étendu. J'y trouverai de plus l'avantage d'éviter autant que possible le retour des mêmes arguments.

Quelques esprits voudraient se le persuader : l'homme sur la terre est souverain, garde un pouvoir sans limites, sans contrôle, non seulement sur ce qu'il possède, mais encore sur lui-même, un domaine absolu dans l'ordre matériel, une suprématie entière dans l'ordre moral.

Mais quand il se réunit dans une de ces associations qu'on appelle un peuple, ne pouvant exercer individuellement sa puissance, il la délègue, la soumet pour son avantage et le bien de tous à une volonté générale qui puisse se manifester d'une manière unique, s'imposer à chacun.

La somme de ces abandons constituerait le pouvoir social.

La puissance publique tiendrait donc son origine et sa vertu d'une convention d'une nature particulière ou même d'un simple mandat : c'est une erreur à tous égards. L'homme n'a pas sur lui l'autorité, ne peut donc la déléguer à titre personnel.

La suprématie morale qui lui fait défaut est indispensable pour former une puissance réelle, légitime. Un contrat exclusivement temporel est impuissant à créer un pouvoir véritable, efficace même en fait. Les seules forces humaines sans l'appui du devoir ne peuvent prétendre à l'obéissance. Le consentement réduit à sa vertu temporelle n'offre qu'une base d'autorité fragile, insuffisante, peut aspirer tout au plus au bénéfice de la soumission volontaire, incompatible avec le droit de commander et d'être obéi.

Le groupe enfin qui s'appelle un peuple ne se réunit pas en vertu d'une association vulgaire, mais d'une loi supérieure, coercitive, providentielle. Je ne traiterai pas en ce moment ce dernier point, je le réserve pour l'heure à laquelle je développerai les vrais principes. Il pourra trouver alors son étude naturelle, utile, opportune, précédée des démonstrations sur lesquelles je devrai m'appuyer. Un examen prématuré viendrait surcharger mon raisonnement sans profit; une exposition partielle nuirait à sa force, à sa clarté, aurait le désavantage de scinder ce qui doit être réuni et de m'obliger à des redites. Je me contente donc d'aborder les premières propositions.

Pour avoir à soi, détenir une autorité primordiale, souveraine, l'homme devrait s'être créé lui-même ou n'avoir pas de commencement, être éternel, Dieu, ou bien enfin sortir du hasard.

Il ne peut entrer dans le cadre étroit de ce travail de rappeler les preuves de l'existence de Dieu ; à peine m'est-il loisible d'en esquisser quelques-unes en renvoyant aux études spéciales. Je me bornerai donc à m'appuyer avant tout sur le sentiment commun, sur la croyance générale.

Lorsque tous les peuples civilisés ou même sauvages possèdent la notion d'un Dieu tout-puissant, créateur, s'inclinent devant lui, se soumettent à son autorité; quand les hommes les plus éminents, la science, le génie le reconnaissent, le proclament, il n'est pas nécessaire d'aller plus loin : la preuve est faite.

On ne discute pas un grand principe sur des exceptions. Or, il faut le dire à la louange humaine, l'athéisme est une exception. Il est digne de pitié lorsqu'il tient à la faiblesse de l'intelligence, il est digne de mépris, s'il est le vain espoir d'échapper au châtiment des actes coupables.

Cette foi des peuples s'explique aisément. Le premier homme a dû posséder à cet égard des données certaines et les transmettre à ses successeurs. La puissance divine a dû se manifester depuis cette époque, s'imposer à l'intelligence, se graver dans les cœurs, se produire même aux yeux, nous donner des signes évidents de son être pour suppléer aux lacunes de la mémoire, à la faiblesse de la raison, aux écarts de la volonté. Ainsi le veut la nature d'un Dieu infiniment bon, ainsi l'enseignent en fait toutes les croyances religieuses.

Le grand nombre admet donc l'existence d'un Dieu créateur de toutes choses, et pourrait-il en être autrement? L'intelligence, l'instinct même, que l'on admet au moins pour guides, viendraient à leur tour nous le révéler. Il nous suffirait d'interroger nos facultés, de leur demander leur but, de les employer à leur fin et d'en obtenir l'enseignement qu'elles doivent nous apporter. La raison, par exemple, nous l'indique : nous devons faire usage de ses ressources; elles nous permettraient de remonter à un Dieu tout-puissant, générateur de toutes choses, constateraient, au besoin, son existence nécessaire. Elle nous le dit en effet : l'homme, être fini, borné, mortel, n'a pu vivre de toute éternité; ou surgir à lui seul du néant. Son enfance laborieuse le redit d'une manière assez nette : il n'a pu posséder avant d'être le génie merveilleux qui a présidé à la structure, à l'harmonie de ses organes, y joindre cette intelligence si belle capable de s'élever aux plus hautes conceptions. Il faudrait pour cela qu'il fût tout-puissant, éternel, infini, sans commencement, sans progression ni fin; or nous voyons chaque jour comment il débute, se développe avec lenteur et disparaît à toutes les secondes. Le ciel, la terre, l'homme, ne peuvent être l'œuvre de ses mains; pour s'en convaincre, il n'a qu'à tenter une seconde épreuve, à faire l'essai de jeter dans l'espace un monde nouveau. La matière, qui s'anéantit chaque jour à côté de transformations temporaires, n'a pu subsister de toute éternité. L'intelligence, la pensée, la raison, la volonté ne peuvent résulter d'un choc de molécules inconscientes, elles perdraient leur privilège, leur force, leur grandeur, deviendraient des guides peu sûrs, plus que douteux, absolument fantaisistes.

Le hasard ne peut rien créer : il lui est donné d'établir en dehors de toute disposition, avec des éléments premiers, des groupes qui n'ont rien de combiné, de fixe, échappent à des lois réfléchies, harmonisées, constantes. L'homme, le ciel et la terre supposent par contre une intelligence admirable et régulatrice, sans limites dans ses conceptions, sans obstacle dans leur mise en œuvre. Il faut en conclure et le dire : ils émanent d'une puissance :

Eternelle, car, si elle avait un commencement,

elle sortirait d'un pouvoir antérieur et plus élevé; l'existence de tout être contingent nécessite un premier être qui le précède;

Immatérielle, la matière ayant un début et un terme;

Infinie : c'est le corollaire des deux premiers attributs; notre esprit possède l'idée de l'infini; c'est l'indice de son existence.

Il est donc un Dieu éternel, immatériel, infini, créateur de toutes choses; lui seul á pu former ce qui existe; il trouverait sans cela une puissance rivale, des bornes, une limite. Tout ce qui est vient de lui, ne peut appartenir à un autre; l'homme possède seulement ce qu'il en a reçu. Les uns lui rendent un culte, acceptent sa loi; ceux-là ne se tiennent pas pour souverains. D'autres se bornent à confesser un Etre suprême plus ou moins nébuleux. Ils pensent tenir de lui la terre, la vie sans conditions, avec une autorité sans réserves; par un effort difficile à comprendre, ils se croient affranchis de tout devoir envers leur créateur, de tout lien vis à vis de leurs semblables. Ils se tiennent pour libres et maîtres sous le seul guide de l'instinct et de la raison, sous la seule loi de l'intérêt et de la volonté. J'ai le regret de le leur dire : ils doivent renoncer à cette prétention. Il faut le constater néanmoins, l'existence de Dieu, la souveraineté reçue et non plus personnelle sont deux pas faibles encore, mais un acheminement vers le vrai, un avantage notable sur la prétendue doctrine de l'athéisme. Cependant, ainsi comprise, ainsi réduite, cette admission blesse profondément nos pensées et nos instincts naturels. Une créature tirée du néant, dotée avec tant de magnificence, sans liens de gratitude et de soumission envers son bienfaiteur, paraît difficile à concevoir. Mais en outre est-il possible de comprendre une puissance supérieure à tous égards, plus parfaite, venant dire à sa créature : « Je vous place sur la terre, je vous donne la vie; pour la conserver, pour user de mes dons, je vous accorde l'intelligence, l'instinct; je borne là mon bienfait. Je vous laisse maintenant sans direction, sans défense; je ne vous impose aucune règle même dans votre intérêt. Faites suivant votre bon plaisir, multipliez selon votre nature; mais libre à vous de vous déchirer, de vous tuer, de finir demain si vous le voulez; je me désintéresse entièrement de ce qui vous concerne. » Ne serait-ce pas une incurie bien grande, un égoïsme assez leste, fût-ce pour un simple être suprême ou bien un grand architecte quelconque? Cette hypothèse ne serait pas seulement choquante, elle est inadmissible. Dieu n'aurait pu laisser à l'homme la souveraineté morale sans abandonner ses droits nécessaires, ses prérogatives imprescriptibles de vérité, de justice, de suprématie, sans déserter ses attributs, sans cesser d'être d'une façon intégrale, ce qui serait contraire à son essence. Il y a donc opposition absolue, incompatibilité radicale entre l'existence de Dieu, son autorité suprême, sa morale invariable, sa perfection, son essence irréductible et la souveraineté personnelle de l'homme.

Mais enfin, par une abstraction difficile, j'en conviens, essayons de voiler pour un instant cette puissance sans bornes qui nous domine en toutes choses, d'oublier notre dépendance envers elle, les devoirs qui résultent de notre mise au monde, de notre infériorité, de notre subordination. Il nous suffit de consulter nos instincts, nos facultés pour retrouver encore une loi supérieure astrictive, et ceux qui méconnaissent la source divine, qui n'aperçoivent pas la cause ne peuvent au moins contester l'effet.

Le premier instinct de la créature humaine est de se conserver par la nutrition, plus tard de se reproduire, de se préserver du danger; il est donc fait pour durer. Quand il ne posséderait pas d'une manière innée la notion du bien et du mal, la nature viendrait encore le lui indiquer : il ne doit pas tuer. L'instinct de la conservation l'avertit qu'en essayant de le faire, il rencontrerait une résistance, il pourrait succomber lui-même. Voilà donc un premier point établi par notre nature, une règle formulée : l'homme doit se conserver, durer, ne pas attenter à la vie de son semblable.

La tendresse paternelle trace les rapports du père avec l'enfant. Le besoin, l'inexpérience, l'affection, la gratitude établissent les devoirs de l'enfant envers le père et la mère ; il doit les honorer, leur obéir, même dans son intérêt.

La pensée naturelle du juste et de l'injuste nous le fait savoir : la terre étant indispensable à notre nourriture, à notre repos, à notre abri, doit appartenir à celui qui l'occupe le premier. Il n'est pas loisible de lui enlever sa possession : il ne croira pas mal faire en la protégeant. Le fruit et le salaire du travail deviennent eux-mêmes une propriété personnelle, exclusive, défendable. Il n'est pas permis de prendre ce qu'un autre peut avoir à soi, détenir en propre, ce qui lui appartient.

Se conserver, ne pas tuer, remplir ses obligations envers les enfants, honorer le père et la mère, ne pas voler sont donc des principes immuables, intimement joints à la nature humaine, démontrés par elle et qu'elle nous livre à titre de préceptes, de règles. Nul ne peut y contrevenir sans faire violence à sa nature, nul ne peut y échapper alors même qu'il le voudrait. Ils s'imposent à toutes les volontés, dominent toutes les lois humaines, toutes les sanctions pénales. Affirmer qu'il est loisible de s'y soustraire, à la seule condition de la force et de l'impunité, serait, je le répète, contraire à notre nature. Ceux mêmes qui essayent de battre en brèche la loi naturelle lui rendent un hommage involontaire. Proudhon, en écrivant : « La propriété, c'est le vol, » reconnaissait par cela même l'existence d'un acte coupable d'une atteinte à la propriété qui s'appelle le vol. L'homme se trouve donc placé sous une règle fixe, inflexible, assujettissante, liée d'une manière indissoluble à sa nature. Elle échappe à toute controverse, à tout sentiment d'une majorité, à toute loi positive, à toute adhésion. Elle précède les idées acquises, domine les écarts de la raison aussi bien que les entraînements de la volonté; la raison la constate sans la créer. La loi naturelle est une règle divine reposant sur l'essence même des choses, inhérente à l'homme, à ses facultés, à ses instincts, sans autre formule orale ou bien écrite; c'est la loi de la création. Elle constate et régit les rapports naturels, nécessaires, par suite obligatoires : entre Dieu et l'homme, entre l'homme et ses semblables, entre nos facultés, nos instincts et leur but.

Elle établit ces rapports, nous enseigne qu'ils

sont impérieux, forcés, inévitables; elles les délimite, les fixe, les impose. Elle défend et ordonne, reste constamment en vigueur, est immuable, imprescriptible comme la volonté dont elle émane. Les anciens, le paganisme l'avaient rencontrée avant nous; Cicéron la rappelle en ces termes :

« Il est une loi non écrite, mais innée, une loi que nous n'avons ni apprise de nos maîtres, ni reçue de nos pères, ni étudiée dans nos livres; nous la tenons de la nature même, nous l'avons puisée dans son sein; c'est elle qui nous l'a inspirée; ni les livres ni les préceptes ne nous ont instruits à la pratiquer, nous l'observons par sentiment, nos âmes en sont pénétrées [1]. »

Qui a placé dans le cœur de l'homme cette loi d'ordre et de justice, ce germe, ce principe des règles ultérieures? Je l'ai dit : c'est Dieu, son créateur; d'autres l'ignorent, contestent la source, mais ne peuvent infirmer, détruire le fait. Il faut donc le reconnaître : même à ce point de vue restreint, plus exactement à cette face seconde d'un même aspect, il est au-dessus de l'homme, de sa raison, de son droit temporel, une loi morale qui lui est supérieure, lui commande, une règle impossible à modifier, à laquelle il est forcément assujetti.

1. Pro Mil., nº 9.

S'il en est ainsi, et nul ne le conteste, on peut le proclamer avec certitude : il n'a pas le domaine entier sur sa personne, il n'a pas la suprématie sur ses actes, il ne possède pas l'autorité morale, il ne peut la transmettre à titre personnel.

Ainsi donc, l'existence de Dieu, sa loi naturelle, qu'on la rattache à sa véritable source ou qu'on essaye de l'isoler, ne nous permettent pas de nous dire souverains, d'invoquer une autorité qui nous soit propre. Dominés par une loi supérieure, nous ne pouvons créer une puissance qui nous échappe, que nous subissons, la déléguer comme si elle nous appartenait d'une manière exclusive, la transmettre à ce titre.

L'autorité, la souveraineté morales qui nous manquent sont nécessaires à l'existence du pouvoir civil; sans elles, il n'est pas de puissance véritable, non seulement en droit, mais encore en fait.

Il n'est pas de puissance en droit. Un droit n'est que le bénéfice d'une obligation morale, ne peut s'appuyer que sur elle. L'homme, ne possédant pas l'autorité morale, ne peut à lui seul établir une obligation, former un droit.

Il n'est pas de puissance en fait; car, je vais le démontrer, en dehors de l'obligation morale, tout pouvoir cesse d'être efficace. Si l'homme méconnaît l'origine et la base d'une autorité véritable, l'émanation divine, les faits eux-mêmes viennent prouver la stérilité, le néant de ses efforts.

La puissance publique est un être moral; elle est donc avant tout une force morale, appuyée sur une autorité morale. Hors de là, elle ne peut plus être qu'une force matérielle, obtenir d'autre appui que la soumission volontaire ou la contrainte brutale. Il n'est pas possible de rapetisser ainsi son action, de la limiter à la violence.

Mais examinons de plus près la nature même de l'autorité.

L'autorité, nous l'avons reconnu, est le droit de commander et d'être obéi, d'ordonner et de contraindre. Le droit, c'est-à-dire non pas la possibilité, le pouvoir contestable, mais la faculté certaine, la puissance impossible à mettre en question. Un droit est donc un être moral, s'étayant d'une puissance morale; il est l'opposé, le terme inconciliable de la force érigée en loi unique. La force est, en principe, le contraire du droit, le brigandage mis en regard du titre conforme à la justice. Mais, en outre, commander, c'est être supérieur, avoir un privilège invincible que l'inférieur ne possède pas. Le commandement ne peut reposer sur la force seule, car, à certaines heures, le subordonné pourrait l'avoir à lui; il la détient même en thèse générale par le nombre.

5.

La force ne peut donc suffire à former une puissance réelle. L'autorité sociale doit posséder une vertu plus haute, plus ferme, plus assurée, reposer sur un droit, ainsi que l'atteste sa nature. La force, être matériel, ne peut imposer une obligation morale; établir un droit; elle est donc incapable dans son principe. Elle ne peut obtenir que des résultats insuffisants, variables, précaires; elle est donc impuissante dans son effet. Je rencontre à cet égard le témoignage d'un adversaire : « Le législateur, dit Rousseau, ne peut se faire obéir ni par la force ni par le raisonnement[1]. » Il n'est pas utile, je pense, d'insister sur l'innocuité du raisonnement. Mais la force brutale, je le répète, n'est pas toujours du côté du législateur; elle réside, en définitive, dans la masse, chez les gouvernés. Pour qu'ils subissent un joug, il faut un lien plus fort qui les astreigne, et ce lien ne peut être que l'autorité morale, l'obligation de la conscience. La contrainte est seulement l'auxiliaire de cette autorité, du droit; tel est son véritable rôle. Isolée, réduite à ses ressources, elle en devient le contraire, parfois inefficace, l'antinomie du pouvoir véritable. L'axiome : « La force prime le droit, » est une devise de larron, et nul ne pourra la réhabiliter. Il révolte tellement la

1. *Contrat social*, livre II, chap. VII.

nature humaine, qu'il rencontre en France bien peu de défenseurs, les jacobins exceptés. Qu'ils gardent ce triste privilège.

Tenons-le donc pour certain : le pouvoir civil doit constituer un droit, s'appuyer sur une autorité morale, imposer une obligation morale, astreindre les consciences. Hors de là, il n'est plus qu'une force nominale, sans base, sans efficacité durable, un être inerte dans sa cause, sans vertu dans son effet.

Un contrat, quels qu'en soient la forme et le nom, ne saurait produire une autorité d'origine humaine, instituer un pouvoir civil capable d'ordonner et d'être obéi, lui donner l'avantage du droit, la puissance morale et l'efficacité. Il ne pourrait transmettre, je viens de le montrer, une souveraineté personnelle que l'homme ne détient pas; il ne peut former davantage un pouvoir sans existence préalable, lui assigner une origine exclusivement humaine. L'homme ne peut à lui seul établir une obligation morale, un droit, créer par suite un pouvoir civil digne de ce nom.

Le pacte humain réduit à ses propres forces ne peut tirer du néant une puissance véritable. Je ne m'arrête pas à l'ancienne impossibilité du pacte explicite : il lui est loisible de se produire à l'heure actuelle, et le consentement peut être implicite. Mais que serait un contrat de cette sorte? Une aliénation volontaire d'une partie de la liberté naturelle pour jouir des bienfaits de la vie sociale? Une convention de cette nature serait non seulement précaire, inefficace, mais encore sans valeur aucune. De deux choses l'une : ou le pacte écarte l'idée de Dieu, ou bien il essaye de reposer sur cette force, de lui emprunter l'idée du droit et du devoir.

Sans le dogme de Dieu, il n'y a plus ni droits ni devoirs; l'obligation morale fait place au caprice, le consentement cesse d'astreindre. Qu'importe de manquer à sa parole, de faire violence même à la loi de la nature? Elle est fort belle sans doute, enserre, oblige; mais après, où est sa vertu? dans la loi humaine et sa contrainte? Mais alors, c'est toujours la force à laquelle il serait loisible d'opposer une autre force si on le pouvait. L'homme devient libre de placer son honneur et sa gloire dans la légèreté à porter un engagement, dans l'adresse de la fourberie, du vol même, nous l'avons vu dans les anciennes républiques, et c'est d'un mauvais exemple pour nos modernes démocrates. Sans Dieu, sans l'obligation morale, il n'y a plus ni promesse ni pacte; il ne reste que le profit de la soumission volontaire, ressource fragile, d'une insuffisance évidente, ou l'appui de la contrainte. Le pacte ne se distingue plus alors de la force dont je viens d'établir l'inefficacité. En éloignant la notion de Dieu, il ne reste plus rien que la volonté humaine, sans règle et sans frein, sujette à tous ses écarts; le pacte alors devient donc sans effet.

Avec la connaissance de Dieu, le pacte générateur d'une autorité purement humaine est plus vide encore, s'il est possible. Le dogme de la Divinité emporte le respect de ses droits imprescriptibles, de son pouvoir infini. Le théisme le plus vague cesse d'exister s'il porte atteinte à la nature de la toute-puissance, à sa prérogative absolue, la souveraineté. Essayer par un contrat d'établir sur l'homme une suprématie qui ne vienne pas d'elle, c'est méconnaître son autorité, se substituer à ses droits; les tenir pour non avenus, c'est nier son existence. Le dogme de Dieu est donc incompatible avec la formation d'un pouvoir pris en dehors de lui. Si l'on voulait tenir le pacte pour le fil conducteur d'une souveraineté purement humaine, il serait nul, je le répète, faute de possession. Le consentement a la faculté de transmettre ce que l'on peut avoir à soi, mais seulement ce que l'on détient en propre, non ce qui appartient à un autre, à moins d'avoir mandat de lui. Nous verrons plus tard si l'homme n'a pas reçu de Dieu la puissance publique avec mission de la transférer. Ce n'est pas l'heure d'aborder cet examen. Pour le moment, je me contente de le rappeler : l'homme, être subordonné, n'a pas le domaine sur sa personne, sur ses actes, ne peut le créer par le seul fait de sa volonté; il lui est donc impossible de le conférer à ces titres. On m'objectera peut-être le pacte de servitude reconnu par l'ancien droit, admis par les théologiens. Le pacte de servitude, bien que volontaire, ne transmettait pas un pouvoir émanant de l'homme, n'essayait pas de communiquer une autorité morale, une puissance publique d'origine humaine. Il conférait un titre *sui generis* puisé à la source de toute suprématie, empruntait à la loi divine l'appui du droit et du devoir. S'il ne transmettait pas une force rencontrée dans la loi naturelle, il y trouvait au moins sa raison d'être, le droit de vivre et d'atteindre au mieux; il ne heurtait aucune des prérogatives de la toute-puissance, n'avait rien de commun avec le pacte dont je constate l'inanité. S'il n'avait pas franchi les bornes d'une aliénation purement humaine de liberté, il n'aurait pas obtenu plus de valeur que le contrat dont je viens de démontrer l'inertie.

Il est donc permis de le dire : le pacte ne peut à tous égards former une autorité venue de l'homme seul, établir un pouvoir social légitime, obligatoire, fécond. Le pacte réduit à ses forces est nul, le pacte est sans effet. Il faut chercher ailleurs la source d'une autorité véritable; ou plutôt, disons-le sans retard, Dieu seul peut lui donner la vertu qui lui manque, mettre à sa disposition l'essence sur laquelle il doit se former. Il ne sera peut-être pas sans intérêt de m'arrêter encore à quelques-unes de ses défaillances secondaires; en admettant qu'il pût se conclure, elles seront à l'usage de ceux qui voudraient absolument croire à cette utopie.

Le pacte, inadmissible en droit, présenterait en fait d'autres causes de faiblesse, d'insuffisance, même de destruction. En principe, le droit de commander et le devoir d'obéissance n'existeraient pas, nous venons de le dire. Mais enfin, si l'on se place dans l'hypothèse de la convention humaine : la règle commune, la loi n'étant qu'une résultante de volontés, d'intelligences, devrait prétendre au plus à s'imposer aux adhérents, à paralyser les efforts de ceux qui oublieraient leur promesse. Le pacte ne pourrait atteindre ceux qui, ne l'ayant pas consenti, voudraient s'y soustraire sans agression, sans léser les associés.

L'adhésion des pères ne pourrait engager les enfants : un nouveau contrat deviendrait nécessaire à chaque descendance.

La société perdrait un droit indispensable, celui de punir. La défense, restreinte à l'intérieur, ne pourrait s'étendre au droit de guerre en son entier.

Une convention de pouvoir ne peut être universelle; il y a d'une façon nécessaire des dissidents et des oubliés; comment le pacte viendrait-il les obliger, les astreindre? Je n'ai pas besoin de le faire remarquer : le pouvoir exclusivement humain, sans autre base que le contrat, suppose une association également humaine, issue d'un accord de volontés. Les deux formules sont indivisibles, leurs effets se réunissent, se confondent, obtiennent la même force, ou plutôt trahissent la même faiblesse. Les défaillances du pacte de société s'étendent au pouvoir que le groupe aurait voulu former; ce qui invalide l'un détruit l'autre. Je ne m'appliquerai donc pas à les distinguer.

Mes possessions, je le suppose, sont situées au milieu des vôtres. Je refuse d'accepter vos contrats; à quel titre pourrez-vous me les imposer? Je suffirai seul à mes besoins, à ma défense, à ma garde. Pour éviter tout prétexte, je ne vous offenserai ni de loin ni de près. Non seulement j'éviterai de vous attaquer, mais je ne favoriserai pas la révolte ou la fraude chez vos adhérents; de quel droit pourriez-vous me contraindre? Votre pacte de nationalité, de pouvoir, votre titre social, votre raison d'Etat ne reposent que sur une convention; le caractère fondamental d'une convention est l'accord des volontés libres. L'acquiescement suppose le libre arbitre, le pouvoir de consentir ou de décliner; il m'est donc permis de récuser votre lien; il ne peut m'astreindre, tant que je ne l'ai pas accepté. Votre association et sa puissance publique ne sont point obligatoires comme sous l'empire de la loi naturelle, mon refus est licite. Votre faculté de défense peut repousser l'agression, l'inertie lui échappe. Il vous est permis de vous préserver de l'attaque, non pas de l'abstention. Votre chaîne sociale ne peut enserrer que des esclaves volontaires; et pourtant, si beaucoup m'imitent, vous serez sans cohésion, sans force. Mais, dans votre hypothèse, vous n'avez pas le droit supérieur de vivre quand même à titre commun, de durer, d'imposer votre pouvoir qui n'a qu'un titre, la convention. Enfin, je l'admets : j'ai consenti votre pacte initial. Depuis lors, je trouve que vous avez aggravé les conditions, vous avez enfreint les clauses premières, je tiens l'accord pour rompu. Vous restreignez ma liberté au delà du nécessaire, l'impôt est trop lourd, la prime d'assurance trop forte; vos lois sont mauvaises, votre constitution nouvelle détestable, votre pouvoir sans conscience; au lieu de me conduire à la prospérité, vous me guidez vers l'abîme. Telle n'est pas l'association que j'avais conclue; vous avez dégagé ma parole, je veux me retirer, je refuse d'obéir. Vous ne le pouvez pas, me dira-t-on. Et pourquoi? J'ai la certitude que vous avez déchiré le contrat, j'ai le droit de me soustraire à votre oppression. Nul ne peut prononcer entre nous. L'intérêt de l'association est de me retenir, elle ne peut être juge et partie; ce serait contraire à toutes les notions du juste. Ce sont les erreurs de son pouvoir que je repousse, son mépris du devoir qui me permet d'affirmer la rupture. Lorsque dans une question purement humaine il n'y a pas de juge possible, chacun garde son arbitre, la liberté de son appréciation, peut invoquer le droit qu'il tient pour manifeste, l'annulation est livrée à la merci du contractant, au moins à sa conscience. S'il s'agissait d'une société, d'un pouvoir nécessaire, d'un pacte obligatoire dont la fermeté doit se présumer, je pourrais conclure en sens inverse et dire : faute de juge, il ne peut exister d'annulation. Mais le pacte qui nous occupe est une convention vulgaire, facultative, devant garder tous les caractères des contrats civils. Il n'y a pas de motif, il est impossible de le soustraire à l'annulation si les clauses ne sont pas exécutées. Lorsqu'il n'existe pas de juge pour prononcer la résolution, elle doit appartenir à la droiture de la partie lésée. Elle échappe, je n'ai pas besoin de le dire, au stipulant qui n'a pas rempli les conditions; il ne pourrait bénéficier de son calcul ou de sa négligence.

Le subordonné peut donc prononcer lui-même la résiliation du contrat, et le pacte trahit une fois de plus une faiblesse irrémédiable ou doit se rejeter sur la force, sans équité, parfois impuissante.

Le père ne pourrait engager l'avenir des enfants. Le pacte humain, tel que nous le discutons, écarte la loi naturelle; par suite, la puissance paternelle ne trouve plus d'appui, cesse d'exister; à quel titre viendrait-elle obliger les successeurs? En pareil cas, l'aliénation humaine de liberté ne peut dépasser la personne du contractant. Mais la loi naturelle s'impose quand même; admettons donc sa règle : la puissance paternelle existe. L'autorité paternelle a des limites fixes, précises; son but est défini par la tendresse du père et les besoins de l'enfance. Elle cesse en grande partie avec la faiblesse, lorsque le descendant peut se suffire. Issue de la génération, elle ne peut dépasser le lien du sang, entrer dans un pacte, changer de main. Elle se distingue avec netteté du pouvoir civil, aliénable, permanent, plus étendu, plus rigoureux.

Comment le père pourrait-il y trouver le droit de transmettre une puissance publique d'assujettir la liberté de l'enfant adulte, à plus forte raison des descendants plus éloignés? On songera peut-être encore au pacte de servitude. Mais le contrat de servitude, je le répète, ne transférait pas un pouvoir social ou paternel. Il engageait seulement la liberté du stipulant, d'actes humains, sous la réserve de l'autorité divine. Il formait un contrat basé sur le droit de vivre et de chercher le mieux. Les descendants en recueillaient les avantages et les charges, comme tous les résultats des obligations licites contractées par leurs auteurs. Ils subissaient la loi de la nature et de l'hérédité, mais non les effets d'un transfert de puissance qui échappe au père ou d'une autorité paternelle qui ne peut se communiquer. L'aliénation de la liberté civile des enfants par un pacte froisserait au contraire non seulement la loi divine, en voulant créer sur eux une suprématie prise en dehors de Dieu, mais encore les règles humaines. Un contrat ne peut transporter qu'une chose possédée et transmissible. Le père ne peut obtenir sur une famille le pouvoir qui s'attache exclusivement à la réunion de familles diverses, il lui est donc impossible de le transférer. Il ne lui est pas permis de communiquer l'autorité paternelle circonscrite par les liens du sang, il ne peut donc même transmettre cette autorité spéciale, restreinte. Quelle serait, en définitive, la base d'un pacte humain de puissance, à l'égard des descendants? Elle n'existe pas; le pacte serait sans valeur en ce qui les concerne. L'enfant pourrait à l'heure voulue revendiquer son libre arbitre, opter pour le contrat ou le décliner. La loi naturelle seule lui imposerait la société et son pouvoir; on l'écarte, on veut créer une puissance publique en dehors de la sienne. Le contrat devrait donc se renouveler à chaque degré, à chaque minute; la rupture, la dispersion deviendraient possibles à tout instant. Est-ce là ce que doit être une autorité sociale? Où est sa force pour conserver? où sont ses éléments de durée? Comment pourrait-elle assurer la garde, le bien, l'avantage de tous?

Le pacte enlèverait en outre à l'association un droit nécessaire, celui de punir.

Les sociétés reçoivent de Dieu, de sa parole reproduite dans les saintes Ecritures, de leur origine, de la loi naturelle, le droit de juridiction sur leurs membres, la faculté de châtier, de punir. La résistance au pouvoir légitime, à la loi rendue à sa force est un attentat contre le principe éternel d'ordre et de justice. Si l'on écarte la source divine du pouvoir, les idées de châtiment, de peine, disparaissent avec elle. Punir suppose un droit supérieur, une autorité morale, et, pour le dépendant une loi dont le respect est digne de louange, l'oubli, digne de châtiment. Punir est la prérogative de l'autorité méconnue, de la puissance lésée. Le pacte ne créant ni puissance, ni droit ne peut prétendre à la faculté de châtier. Qu'il établisse une force humaine, soit : la force humaine s'impose, se défend, se protège quand elle le peut : là se borne son efficacité. Mais enfin, comme je le disais tout à l'heure, ceux qui ont essayé de former le pacte gardent les avantages individuels de la loi naturelle, qui ne cesse pas d'exister parce qu'on la récuse. Ils possèdent donc le droit de se défendre, de secourir un ami, je suppose qu'à ce titre ils puissent recueillir une certaine latitude pour préserver les personnes et les biens. Cette faculté se borne à la défense proprement dite dans la limite du strict nécessaire, sous sa forme la plus adoucie. Pour eux, plus de châtiment, plus d'échelle de peines mesurées à la faute; un seul écart, le préjudice des sociétaires, une seule latitude, ramener le dissident à l'exécution du pacte, ou le placer dans l'impossibilité de nuire. Le meurtre par le fou, l'assassinat par l'homme conscient, le vol, les fautes légères ne peuvent obtenir que la même sanction. Il suffit, en effet, pour assurer la sécurité de tous, d'exclure le réfractaire, ou de l'enfermer s'il refuse de s'éloigner. Lorsque la récidive est à craindre, l'acte le moins dangereux doit amener l'annihilation perpétuée aussi bien que l'attentat le plus redoutable. Les associés n'ont que deux manières de se protéger : le bannissement et la réclusion. Dans ce dernier cas, le soin de prévenir la fuite, d'assurer l'innocuité pourrait conduire aux mesures les plus rigoureuses pour les infractions même les plus légères. Les territoires devraient se couvrir de prisons, de cachots infranchissables. Voilà où l'on arrive quand on essaye d'infirmer la loi morale, le principe de la criminalité, de remplacer la peine par la défense. Un point de départ erroné conduit, dans la pratique, à des conséquences inapplicables. La peine de mort cesserait d'être licite, et pourtant elle est dans la tradition de tous les peuples; elle est nécessaire, et ceux qui l'ont abandonnée la reprennent. Sans Dieu, il n'y a plus de droits, il ne peut exister de titre sur la vie d'un autre homme. Tuer devient une question de force, d'adresse; tout se réduit à frapper le premier. Avec le dogme de Dieu, l'homme ne pourrait engager dans un pacte, même à titre de répression, une vie qui ne lui appartient pas. La convention humaine ne pourrait donc justifier, légitimer la peine de mort. Ce qui la rend permise, c'est qu'elle est non seulement un moyen de défense, de préservation, mais encore un châtiment.

Le châtiment emprunte sa régularité, sa justice

à la loi de justice éternelle. La société forte du droit divin a juridiction sur ses membres, faculté de les punir, même par la mort. Dieu lui-même a pris soin de nous le dire.

En présence du contrat, il ne reste plus de place que pour des lois défensives; les mots code pénal ou criminel doivent disparaître, et cependant les règles humaines portent à chaque page les mots crimes et peines. N'est-ce pas un indice certain qu'elles s'appuient sur une loi supérieure, divine? Les législateurs pouvaient l'ignorer ou l'oublier, une conscience intime les ramenait à la vérité.

Le droit de punir conforme à la justice, mesure la répression à la faute, l'étend jusqu'à la perte de la vie, la limite en remplaçant la durée par la peine, la prévient par l'obligation de la conscience, fait place au repentir. Sans lui, la défense devient inique dans ses proportions, impraticable en fait, impossible, et le pacte laisse voir encore une fois sa faiblesse, son impuissance à suppléer à la loi morale, à remplacer son titre et sa force.

Le droit de défense rencontrerait à l'intérieur, je viens de le dire, des bornes rigoureuses. Issu de la loi naturelle, il ne s'adresse qu'aux personnes ou bien aux sociétés réunies sous son égide. Une association prise en dehors de la règle providentielle ne pourrait bénéficier de ses avantages. La loi naturelle imprescriptible laisserait cependant aux individus le droit de se défendre et la faculté de secourir un ami. Mais cette latitude se bornerait à préserver la vie, la possession de ceux que rassemble un lien affectueux, elle ne pourrait s'étendre au bien commun, à l'association, à ses prérogatives, à son pouvoir usurpés.

La puissance d'écarter les ennemis du dehors ne saurait aller jusqu'au droit de guerre en son entier. Il serait loisible de se protéger, de se garantir, même à l'aide d'un allié; mais là s'arrête le droit de défense. La réparation par les armes de l'honneur outragé, le châtiment de l'agresseur par l'offensive et la conquête supposent un état social régulier, à base divine. La défense personnelle et secourable, le droit de préserver une société normale, ont des limites distinctes : l'une, étroite, fixée par le soin de la vie, des possessions; l'autre, plus étendue, tracée par la puissance de faire prévaloir un titre collectif. La défense individuelle doit s'arrêter à la première. Il lui est permis de repousser une force menaçante pour les existences; elle ne peut garantir, placer hors d'atteinte une association irrégulière, la mettre à l'abri pour l'avenir, s'annexer un territoire, lui imposer une autorité qu'elle ne possède pas. En dehors de la société légitime, il n'y a plus que le droit de préserver les personnes, la garde du foyer; tout le reste devient force et brigandage.

Que reste-t-il donc au contrat? quel est son domaine? Le maintien des engagements licites, incontestables, incontestés; à l'intérieur comme à l'extérieur un droit de défense étroit, réduit, individuel, la faculté de secourir un ami qui existerait en tout état de cause : le pacte ne lui apporte rien.

En résumé la convention seule ne donne pas le pouvoir de commander, d'être obéi; elle est inhabile à protéger, à conserver; elle n'établit pas le droit de punir, et elle peut abriter tout au plus une contrainte arbitraire lors même qu'elle se limiterait à ce qui peut entrer dans un accord, un droit de défense restreint, inapplicable, stérile. Le pacte, ainsi que la force, est incapable dans son principe, impuissant dans son effet; il subit avec elle la conséquence inévitable, la loi fatale de l'atteinte aux droits de Dieu. Le pacte est en droit le néant, en résultat ce qu'on peut obtenir du néant. La société véritable doit s'appuyer sur une base plus ferme, s'imposer en vertu d'un droit supérieur, pouvoir défendre son titre collectif envers et contre tous, châtier, punir; alors seulement elle trouve la possibilité de vivre et de durer. Son pouvoir doit garder une force incontestable; elle seule peut lui permettre de conserver le peuple, de le diriger vers le bien, de lui donner la prospérité, de le faire arriver au but.

Je crois l'avoir établi : l'homme n'a pas sur lui la souveraineté, il est sous la dépendance de Dieu, son créateur. La nature même lui révèle des principes supérieurs, immuables, assujettissants, constate une fois de plus son infériorité, sa subordination. La puissance personnelle lui échappe, il ne peut la déléguer en cette qualité. Sans l'autorité morale qu'il ne peut trouver en lui seul, il n'est pas de pouvoir civil en droit, il n'est pas de puissance réelle en fait. La force, le pacte n'ont que des titres sans valeur, des résultats précaires, insuffisants, sans vertu pour conserver. Viciés dans leur principe, bornés dans leur action, ils se réduisent à la contrainte brutale, et, par un juste retour, la contrainte porte avec elle sa faiblesse, sa cause d'abaissement, de ruine. La force est versatile, change de camp, se détruit elle-même; et quelquefois l'adresse, le courage, la violence priment la force. Disons-le donc en terminant avec M. de Maistre et dans son beau langage : « Sans le dogme de Dieu, toute obligation morale est chimérique, il n'y a plus que la force, et la force est impuissante. » Avec ce dogme, au contraire, tout s'établit, s'enchaîne, s'harmonise : l'autorité retrouve sa base et sa puissance, la dignité humaine reprend sa grandeur. L'homme ne s'incline plus devant le caprice d'un autre homme, ne se courbe plus sous un esclavage. Obéir à Dieu, c'est encore être libre sous le seul frein de la justice et de la bonté.

Et, comme pour étayer cette parole, Dieu nous laisse la liberté de choisir la forme du pouvoir humain, de désigner ceux qui peuvent l'exercer, de fixer les règles temporelles; il abandonne tous ces points à nos controverses, à notre intelligence, à notre raison. Il se contente de nous dire : en dehors de ma toute-puissance, il n'est pas de pouvoir possible, vous essayeriez vainement d'en établir; il serait incapable de vous diriger, de vous conserver; il vous mènerait à la perte. Mais ce pouvoir, émané du mien, qui vous est nécessaire, je vous le confie pour lui donner une forme humaine, convenable à votre nature, pour l'approprier à vos besoins; le mode fait partie de la liberté que vous avez reçue de moi. Le discernement vous permettra de l'assouplir à votre usage, de l'accorder au plus digne; la raison vous indiquera comment il peut être juste et légitime. J'établirai cette latitude dans les chapitres suivants; il m'a paru bon de la formuler avant l'heure, de placer en face de la contrainte brutale la liberté que Dieu nous a remise pour atteindre au bien, pour mériter la récompense, et qui nous conduit trop souvent, hélas! au châtiment. Quelle doctrine adverse peut nous faire une part aussi belle, plus conforme à notre fierté? Et pourtant c'est au nom de l'orgueil qu'on voudrait l'accueillir avec dédain, y substituer la force aveugle ou dévoyée, l'arme du sbire mise à l'usage d'un pouvoir sans droit et sans règle, le fouet du commandeur, la clef du guichetier, le bâton du garde-chiourme. Pourquoi s'arrêter en si beau chemin? L'escopette du brigand est une force aussi : rendons-lui sa part de puissance.

Le résultat est digne de ceux qui l'ont conçu. S'ils se contentaient au moins d'en faire, comme Rousseau, le second terme d'un paradoxe! malheureusement s'ils n'affichent pas le principe, ils ne craignent pas de le faire entrer dans leurs actes, et chaque jour des politiciens d'aventure nous donnent le triste exemple de ce que peuvent tenter les déserteurs de l'obligation morale.

Mais examinons le véritable principe d'autorité, son origine, la force, les droits qu'il nous confère, les devoirs qu'il nous impose. Recherchons comment s'établit un pouvoir régulier, légitime, quelles peuvent être sa forme, son étendue, sa durée, ses variations dans la limite de la loi d'ordre et de justice, dans l'intérêt de notre sauvegarde et de notre bonheur.

CHAPITRE V

LA PUISSANCE PUBLIQUE (*suite*).

La puissance publique, comme la famille, le pouvoir paternel, la société, est d'ordre naturel divin, tient l'origine, le droit et la force du Dieu créateur. — Formule du droit divin.

Je viens de l'établir : Dieu, par sa nature, est la puissance infinie, sans bornes, sans rivale. Il est le créateur de toutes choses dans l'ordre moral et dans l'ordre matériel. Il est non seulement la source, mais encore, en vertu de ce pouvoir sans limite, le maître absolu de tout ce qu'il a produit, de tout ce qui existe, de toute autorité, de toute justice, de tout droit, de toute force. Tout ce qui est vient de lui, ne peut appartenir qu'à lui seul, à moins de restreindre sa puissance. L'autorité, comme toute chose, émane de lui, lui appartient en propre, d'une manière exclusive; il ne peut exister de pouvoir qu'en lui et par lui. Le premier homme est né sous cette seule puissance divine, sa loi naturelle et positive. J'ai déjà mentionné la loi naturelle : je n'ai plus à la définir. Il me suffit de le rappeler : son enseignement est impérieux, sa règle obligatoire. Elle a reçu seule, à l'origine, mission de nous enseigner la loi de la famille, de la société, de leur pouvoir ; il faut l'interroger en premier lieu.

Le second homme lui a dû la vie : en même temps, il a rencontré dans sa règle une nouvelle forme de pouvoir, la puissance paternelle, dérivé temporaire de la suprématie divine. La nature nous l'indique, en effet, l'homme doit se perpétuer, avoir une descendance, former une famille. Sous son impulsion, la famille rudimentaire au début se complète par l'adjonction des enfants ; la famille existe en son entier. Mais, dans cette réunion, il faut assurer l'existence des faibles, subvenir à leurs besoins, conserver l'ordre, enseigner les devoirs, obtenir le respect, l'assistance pour les parents et la vieillesse, empêcher la destruction, conduire au bien ; pour cela, une autorité est nécessaire. La nature nous indique avant la loi écrite l'urgence de ce pouvoir, désigne en même temps d'une manière certaine les personnes dans lesquelles il réside. Si la mise au jour, la tendresse, la raison, la puissance de défendre fixent les obligations des parents, l'origine, la nécessité, la gratitude viennent indiquer à leur tour les devoirs des enfants, leur subordination à l'autorité naturelle du père et de la mère, qui ne peuvent les garantir qu'à ce prix. La puissance paternelle, ainsi que la famille, résulte de l'ordre naturel divin.

Mais les familles s'étendent, se multiplient, se divisent sans pouvoir rompre cependant un lien qui les groupe. La nature qui démontre trop évidemment à l'homme sa nudité, sa faiblesse, ses besoins, son impuissance à les satisfaire, à se conserver sans le secours des autres hommes, la nature qui lui impose d'une façon rigoureuse la vie commune, la prescrit au même degré, par les mêmes motifs, aux familles.

Chacune d'elles ne peut suffire isolément à ses besoins, à sa garde, à sa conservation, à sa prospérité, ne peut se passer d'aide pour lutter contre les éléments, les maladies, les ennemis, les animaux nuisibles. Les produits doivent être échangés pour le bien de tous, les forces réunies pour le salut commun, les possessions fixées et défendues. L'intelligence fait pressentir à l'homme un vaste champ qu'il ne peut défricher seul, ou bien en petit nombre. La parole l'invite à émettre ses pensées, le besoin d'apprendre à recueillir celles des autres. Il n'a pas même le discernement inné de ce qui peut lui être utile ou nuisible dans les biens mis à sa disposition. Une expérience chèrement acquise pourrait seule lui faire distinguer 'aliment de la substance mortelle, le remède du poison. Les connaissances doivent être cherchées, réunies, transmises; les traditions nécessaires ne peuvent être mises en oubli. Le souvenir du Dieu créateur, ses préceptes, les devoirs doivent être enseignés. Une famille seule ne peut suffire à toutes ces tâches; il faut avoir recours aux aptitudes spéciales, diviser les travaux presque à l'infini. Nous l'apprenons donc avec certitude, la famille n'est pas faite pour vivre à l'écart, dans un isolement même relatif; la cohésion lui est nécessaire : elle ne peut l'éviter. La société est une loi naturelle, inévitable, une obligation invincible. Le prétendu pacte libre d'association est seulement une apparence trompeuse; il devient inutile de se souvenir qu'il est sans lien constricteur, aboutit fatalement à la dispersion, à la perte. La société repose sur une obligation naturelle, une loi divine; elle y trouve sa force effective, la puissance de vivre. Dieu, en effet, qui veut le bien et la durée de sa créature, qui oblige les familles à se réunir dans ce but, à constituer des groupes plus nombreux, à former des nations, joint à l'accomplissement de sa règle les éléments du bonheur et de la conservation. La société, comme la famille, est d'ordre naturel divin.

Si la puissance paternelle est nécessaire à la famille, le pouvoir civil est plus indispensable encore à la réunion de familles diverses. Il faut un gardien du bien commun, une force qui le fasse respecter, une puissance qui communique le mouvement aux diverses parties du corps social. Chez l'homme, la raison doit gouverner la volonté, la volonté doit donner l'impulsion aux organes. Ainsi la puissance publique doit animer, dominer, conduire les membres divers du corps social. Tel est l'enseignement d'un grand docteur, saint Thomas. « Il doit y avoir, nous dit-il, dans toute multitude, quelque chose qui la gouverne [1]. » Et il le démontre par les relations du corps, de l'âme et de la raison. Il faut un pouvoir qui maintienne l'ordre et la justice à l'intérieur, groupe les forces pour la défense, assure la sécurité de tous. Si chacun faisait sa volonté, ce serait la division, le désordre, la lutte; l'état social perdrait son avantage; la dispersion serait inévitable. Dieu, qui a voulu la réunion pour la garde et le bien de sa créature, veut également l'autorité dont elle a besoin pour se conserver et prospérer. Le pouvoir civil est comme la famille, la puissance du père, la société d'ordre naturel, c'est-à-dire divin.

Faut-il le répéter? ce pouvoir, conforme à la volonté de Dieu, vient, émane de lui seul, créa-

1. *De regimine principum*, lib. I, c. I.

teur de toutes choses, maître absolu de tout ce qu'il fait naître, puissance infinie, seule autorité. Toute suprématie prise hors de lui serait une atteinte à son pouvoir sans bornes, deviendrait un désordre, ne pourrait être qu'une force surmontable, impuissante. Mais il y a plus : prenant en pitié la faiblesse et les écarts de notre raison, la parole divine est venue confirmer l'enseignement de la loi naturelle. Salomon, le prophète inspiré, après nous avoir dit dans les saintes Ecritures : « Là où il n'y a point quelqu'un qui gouverne, le peuple sera dispersé, » faisant intervenir d'une façon directe la voix de Dieu, ajoute en son nom : « C'est par moi que règnent les Rois, c'est par moi que les princes commandent [1]. »

Le prophète Daniel, s'adressant au Roi des Assyriens, lui dit : « Le Dieu du ciel t'a donné le règne et l'empire » [2]. Et plus loin : « Tu habiteras, etc., jusqu'à ce que tu saches que le Très-Haut domine sur l'empire des hommes et le donne à qui il veut [3]. »

Je pourrais multiplier les citations : saint Pierre, saint Paul, saint Jean Chrysostome, saint Thomas, tous les docteurs anciens ou modernes

1. Proverbes, chap. VIII.
2. Chap. II.
3. Chap. III.

affirment le même principe, l'enseignement du christianisme est à cet égard formel, invariable, ne peut donner prise à aucune controverse. Il se résume en ces mots : Tout pouvoir vient de Dieu : « Omnis potestas a Deo [1]. » Telle est la formule véritable du droit divin ; tout pouvoir régulier émane de Dieu, quelles qu'en soient la forme, la durée, l'étendue. Elle ne signifie pas que Dieu nous impose un mode de gouvernement ou donne la puissance directe à telle ou telle personne, elle constate seulement l'origine première de l'autorité. La puissance publique, qu'elle s'appelle monarchie, aristocratie, démocratie, tient sa force de Dieu seul, ne peut trouver ailleurs ni légitimité ni puissance effective. C'est là, je le répète, la signification réelle du droit divin ; il n'en est pas d'autre, on ne peut la détourner de son sens, et ceux qui veulent l'interpréter d'une autre manière sont mal instruits ou trop souvent, hélas ! mal intentionnés.

1. Saint Paul, Ep. aux Romains.

CHAPITRE VI

LA PUISSANCE PUBLIQUE EST REÇUE PAR LA MULTITUDE

La puissance publique est reçue par la société toute entière. — Réside immédiatement en elle en vertu du droit naturel. — Dieu ne l'exerce pas ou ne la délègue pas directement. — La loi naturelle ne la confère à aucun homme en particulier. — La puissance paternelle; l'intelligence, l'utilité ne sont pas des signes naturels de pouvoir civil. — Droit de la multitude. — Il comporte les trois pouvoirs.

Cette puissance qui appartient à Dieu seul, l'exerce-t-il, ou bien la confère-t-il directement? l'a-t-il donnée à la réunion des chefs de famille? l'a-t-il remise à un certain nombre d'intelligences privilégiées? en a-t-il prescrit la forme, les règles humaines? Il serait impossible de l'établir. Après nous avoir défini sa règle morale, enseigné que tout pouvoir vient de lui, Dieu se tait. Quand Dieu garde le silence, il faut interroger sa loi naturelle, au besoin les faits de l'ordre providentiel. La loi naturelle, je l'ai dit, n'est pas un dépôt d'archives antérieures aux préceptes révélés. Elle subsiste à côté d'elle, n'est jamais en contradiction avec elle, la complète au besoin, est plus immuable encore, ne tombe jamais en désuétude, est donc un guide certain. Les faits en outre, et je vais débuter par eux, nous l'indiquent : Dieu ne s'est pas réservé pour lui ou ses représentants l'exercice du pouvoir civil. On peut trouver dans l'histoire du peuple dont il avait retenu plus spécialement la garde, l'exemple d'une théocratie temporaire; il lui a permis d'y substituer la monarchie humaine, lorsque ce peuple en a manifesté le désir. Cette abstention s'explique aisément : la conduite des hommes obligerait la Providence à formuler d'une manière sensible et quotidienne sa volonté. L'essence d'un être immatériel est de rester invisible, intangible; il ne peut sortir de sa nature que par un miracle, et le miracle, par cela même qu'il déroge à l'ordre établi, ne peut être qu'une exception. En exerçant la puissance publique, il aggraverait les écarts de la liberté humaine, sinon en fait, au moins dans l'intention. L'oubli de la loi civile deviendrait un attentat direct contre Dieu; sa miséricorde a voulu nous épargner ce surcroît de culpabilité. La fin première de l'autorité sociale est une fin humaine, le bonheur temporel. Cette fin n'est pas indigne de la Providence, elle est au contraire dans sa volonté. Mais elle est inférieure, soumise à la fin spirituelle; le pouvoir civil est un pouvoir secondaire, son usage semble dès lors plus approprié à l'homme, paraît lui incomber en sous-ordre, mais d'une façon particulière. Si Dieu veut enfin le bien de sa créature dans l'ordre matériel comme dans l'ordre moral, elle doit y atteindre, après sa chute, par l'usage de sa liberté.

Le Tout-Puissant ne communique pas non plus l'autorité humaine sans intermédiaire. Il existe dans l'histoire de son peuple, du peuple juif, trois ou quatre assignations directes; ces exceptions l'attestent : la règle générale est inverse.

Après elles, il est impossible de rencontrer la trace d'une désignation immédiate. Là encore, l'intelligence nous permet de nous incliner devant la sagesse divine. Si Dieu communiquait le pouvoir d'une façon directe, l'élu trouverait dans cette investiture une force trop grande, pourrait succomber même au désir d'opposer son titre à l'autorité spirituelle.

La loi naturelle, de son côté, ne confère le pouvoir civil à aucun homme en particulier, ne l'assigne à aucune fraction de groupe. L'essence même des choses nous l'indique.

« Tous les hommes sont égaux en nature, nous dit Anthoine de Saint-Joseph; par la nature, il n'y a ni supérieurs ni inférieurs. »

« La nature n'a donné à personne pouvoir civil sur un autre homme[1]. »

Où pourrait-on rencontrer, en effet, le signe d'un privilège à cet égard? La puissance paternelle s'adapte à la famille, à ses besoins, s'y trouve rigoureusement circonscrite, ne peut s'étendre au delà. Créée d'une manière exclusive pour la descendance, elle ne peut dépasser cette limite, se communiquer au dehors, se concentrer, se transformer entre les mains d'un chef de familles diverses; elle irait au delà de son but et de sa force. Elle diffère du pouvoir civil non seulement par son objet, par ses bornes, par son impossibilité de transmission, mais encore par son mode d'exercice. Un pouvoir paternel se distingue avec netteté d'un pouvoir social, nécessairement plus rigoureux.

L'intelligence n'est pas par elle-même un signe naturel d'autorité. Elle peut être un titre à l'obtenir, elle n'est pas l'indice obligatoire d'une élection providentielle. La désignation serait vague, douteuse, insaisissable; les enseignements de la loi naturelle sont plus précis. Qui pourrait, en effet, mesurer les intelligences, dire avec pleine autorité : Celle-ci est la plus haute, le pouvoir lui appartient? Ce quelqu'un, s'il exis-

1. *Compendium de Salamanque.*

tait, aurait une raison plus élevée que celle du candidat, ou bien une puissance supérieure à celle de l'intelligence : le pouvoir lui reviendrait. Il n'est pas nécessaire, je suppose, de rappeler en ce moment que l'intelligence n'est pas par elle-même une source, un générateur d'autorité; ce serait la théorie de l'orgueil, l'attentat des premiers rebelles. J'ai suffisamment établi le droit de Dieu sur toute puissance, pour qu'il ne soit plus nécessaire de réfuter une pareille aberration.

L'utilité, dont quelques-uns voudraient faire une marque de pouvoir, n'est pas le signe essentiel de la puissance publique. Son nom l'indique, ce serait une atténuation des rapports nécessaires, par suite obligatoires du droit naturel. Il semble au premier abord qu'on tente uniquement de lénifier un mot, d'étendre un avantage; en réalité le principe aboutirait aux conséquences les plus délétères. Mais limitons-nous au pouvoir civil. Qu'un contact impérieux, forcé nous révèle une obligation, nous enseigne un devoir et sa contre-partie, le droit, cela se comprend. Il est plus difficile d'admettre qu'une simple condition d'utilité forme un lien indissoluble, puisse établir un droit naturel. L'utile ne dépasse pas les limites de l'avantage; un avantage peut se délaisser. Un titre naturel doit être clair, certain, inattaquable; l'utilité ne s'affirme pas, ne s'impose pas par elle-même. Elle est controversable, relative, appelle une autorité qui la dégage : elle n'est donc pas une cause absolue, un indice manifeste, essentiel de puissance. Si ce juge est le peuple, et il ne peut en exister d'autre, l'utilité se fond dans le consentement, c'est-à-dire aboutit à la règle. L'utilité certaine, en dehors de toute appréciation, ne pourrait être invoquée que par un pouvoir debout. En pareil cas, ou bien elle se joint au consentement antérieur, implicite du peuple et devient oiseuse, ou bien elle viendrait couvrir une tentative coupable, légitimer la surprise, l'astuce, la violence peut-être, qui écartent toute indication de droit naturel. L'utilité enfin est versatile. Le général qui vient de sauver un peuple par la victoire peut aussitôt après le conduire à la perte. Elle appelle donc la décision constante d'une autorité qui prononce à son égard d'une manière souveraine, à laquelle elle soit soumise. Tel n'est pas le rôle d'un générateur de droit. Le pouvoir deviendrait muable à chaque instant; ce serait la théorie de l'instabilité, et la puissance ne peut être vacillante sans dommage grave pour ceux qu'elle doit abriter. Pourquoi donc tourmenter ainsi les mots et les idées? La loi naturelle divine ne peut s'affaisser devant une contre-façon plus ou moins ingénieuse; l'intelligence garde son empire et nous dit : Un rapport nécessaire est obligatoire, ce qui est simplement utile est facultatif. L'utilité ne peut former une base de droit. Cette extension nébuleuse, arbitraire, abusive de la loi naturelle n'a pu germer que dans des cerveaux alourdis par la trop grande préoccupation des intérêts matériels, chez un peuple de marchands. Ils n'ont pas même fait preuve en cette conjoncture de sens pratique; car cette doctrine, appliquée d'une façon générale, viendrait infirmer tous les droits. En définitive, on chercherait vainement un prédestiné portant l'indice initial de la puissance publique : la nature ne l'imprime à personne. Il faut donc le reconnaître avec tous les docteurs : le pouvoir civil ne réside de droit naturel en aucun homme en particulier, en aucun groupe ou fraction de groupe. Si telle est la règle, si nul ne peut invoquer d'avantage à cet égard, il existe nécessairement et immédiatement dans la société à laquelle il est indispensable, dans la multitude, sans distinction, sans privilège. Disjoint de la toute-puissance qui en abandonne l'exercice, dégagé de toute assignation particulière, il se rattache naturellement à la collection d'hommes à laquelle il se rapporte, à laquelle il est nécessaire, qui est sa raison d'être, sans laquelle il n'existerait pas. C'est donc la société et la société entière qui reçoit le pouvoir indispensable à sa conservation, à sa fin. Il s'adresse à tous les membres du corps social, de la nation, du peuple. Tel est l'enseignement de saint Thomas, et l'esprit se repose quand il peut s'appuyer sur une pareille autorité. « Cette puissance, nous dit-il, réside immédiatement, non dans un particulier quelconque, mais dans l'entière collection des hommes [1]. »

Billuard, Bellarmin, Suarez, Fénelon, Bossuet même, dans une certaine limite, l'affirment à leur tour. On peut donc le répéter avec certitude après ces docteurs : la puissance publique existe d'une façon immédiate, en vertu de la loi naturelle, dans la société toute entière, affecte chacun de ses membres, sans exclusion, sans préférence.

La puissance publique, une dans sa nature, devient multiple dans son exercice. Elle renferme le pouvoir de gouverner, c'est le propre de l'autorité; le droit de faire des lois, c'est l'expression du commandement; le privilège de les faire exécuter, de punir ceux qui les oublient, c'est le corollaire des premiers attributs. La multitude réunit donc ces trois pouvoirs, ou plutôt ces trois prérogatives d'une même essence, ces manifestations diverses d'une même nature.

1. Voir *Summa*, 1, 2, quest. 90, art. 3, et quest. 97, art. 3.

Le pouvoir de gouverner emporte celui de faire des lois. La loi, je l'ai dit, est le terme, la parole du commandement; celui qui a reçu la faculté de commander tient également du droit naturel le pouvoir nécessaire de faire des lois.

« Commander, nous dit saint Thomas, c'est mouvoir au moyen de la raison et de la volonté. La loi est le moyen par lequel le pouvoir civil agit sur la société. »

Et plus loin : « La loi est un règlement dicté par la raison, ayant pour but le bien commun et promulgué par celui qui a le soin de la communauté [1]. »

La loi n'est pas d'une manière unique l'expression du commandement, moins encore la manifestation de la volonté générale, comme le dit Locke après Hobbes; elle est l'acte juste et raisonné de la puissance. Elle doit reposer sur la justice, la raison; la volonté ne peut être que l'exécutrice de leurs décrets. Lorsqu'elle veut abandonner cette base et cette force, elle n'est plus qu'une impulsion capable de bien ou de mal, une aventure, parfois une tyrannie. L'équité, la droite intelligence ont seules pouvoir d'obliger en vertu de la loi naturelle. Dieu lui-même a pris soin d'appuyer ce précepte et nous dit par

1. I, 2, question 90, art. 4.

la bouche de Salomon : « C'est par moi que les législateurs prescrivent ce qui est juste [1]. »

La loi est donc divine comme l'autorité dont elle fait partie, quand elle est conforme à la justice ; lorsqu'elle s'en éloigne, elle n'est plus l'expression de la puissance publique venue du Créateur. Dieu ne peut étayer l'arbitraire, l'iniquité, l'action humaine dans ses écarts; la loi juste a seule pouvoir d'obliger les consciences. « Les lois humaines, si elles sont justes, dit saint Thomas, ont la force d'obliger dans le for de la conscience, et elles tiennent cette force de la loi éternelle dont elles dérivent [2]. » La loi injuste n'astreint donc pas les consciences; il peut être utile dans certains cas de lui obéir, il est bon parfois de lui résister. Les causes d'injustice sont multiples, la faculté de défense étendue; il ne m'appartient pas de les mettre en relief; j'invite seulement les législateurs à s'y reporter.

La puissance de conduire, de faire des lois emporte le pouvoir de les faire exécuter. La loi a la force du commandement, la vertu de contraindre à l'obéissance, ou bien elle n'est plus un acte de la suprématie, une manifestation de l'autorité sociale; elle devient un simple conseil.

1. Proverbes, chap. VIII.
2. I, 2, quest. 96, art. 3.

Personne, je le crois, ne voudrait s'arrêter à cette donnée, en faire une chose inerte.

La loi, forte du droit divin oblige, assujettit. S'il en était autrement, la société n'aurait plus ni lien ni force, serait réduite à l'agglomération du troupeau; encore le troupeau a-t-il un berger. Celui qui a le droit de commander a le droit de se faire obéir et de châtier la révolte, ainsi le veut l'essence même de l'autorité. Hors de là, elle cesserait d'être. La puissance publique se compose donc de ces trois aspects, le pouvoir de gouverner, de faire des lois, de les faire exécuter, de punir. Le peuple obtient sans partage cette unité ultérieurement divisible. La puissance intégrale existe immédiatement chez lui en vertu de la loi naturelle; il reçoit, il possède l'autorité sociale telle qu'elle se compose.

CHAPITRE VII

LA SOCIÉTÉ DOIT TRANSMETTRE LA PUISSANCE PUBLIQUE

La société doit transmettre la puissance publique. — Ce transfert est une obligation naturelle. — Ceux qui la reçoivent d'elle ne la possèdent que médiatement.

Mais ce pouvoir qui lui a été transmis et qu'elle retient, la société ne peut l'exercer directement. Chacun ne saurait utiliser individuellement son autorité; ce serait la contradiction, la discorde, la lutte, la faiblesse. La puissance publique doit se concentrer, se résoudre en une volonté unique, au moins dans son expression. Cette volonté doit être facile à produire, s'imposer à tous, parfois en un moment. Ainsi l'exigent à certaines heures l'avantage, l'existence même du groupe. Le peuple ne pourrait se réunir aussi souvent que le bien commun, la confection des lois l'exigeraient; délibérer, statuer, promulguer. L'inspiration de tous ne pourrait se manifester à chaque instant, la justice enfin échappe à l'action d'une multitude; elle est donc obligée de transmettre la puissance qu'il lui serait impossible d'exercer elle-même. Ce transfert ne peut être évité : il s'appuie sur la nature même des choses, sur l'essence du pouvoir civil et de la collection qui le détient. Il est en effet conforme à la nature humaine de réclamer l'assistance d'un autre pour ce qu'on ne peut accomplir seul. Ce recours devient obligatoire, si l'acte lui-même est nécessaire. La nature d'une multitude se refuse à la décision quotidienne ou rapide, à l'exercice utile de la puissance publique. La nature commande donc à la société de recourir à un autre pour mettre en mouvement, dans ses conditions urgentes, ce pouvoir indispensable. Elle doit choisir une volonté facile à dégager, qui se produise aisément, lui remettre cette puissance inerte entre ses mains, l'attribuer soit à un seul, soit à un petit nombre. Ce transport nécessaire est une obligation, une règle naturelle. Ceux qui ont traité cette matière sont en général moins explicites. Quelques-uns mentionnent le transfert comme une coutume, un acte de la raison; il repose, ce me semble, sur la nature même de l'objet, il est impérieusement exigé. Quel pouvoir peut en fait se réserver une multitude? L'approbation de certains actes principaux et éloignés, le droit de conférer plus ou moins fréquemment. La possibilité de commander lui échappe sur les autres points, elle doit à leur égard transmettre la puissance. La division des pouvoirs, le nombre des investis n'enlève rien à l'urgence du transport. On dit quelquefois, à l'aide d'une confusion : Le peuple garde telle puissance, parce qu'il l'enlève au pouvoir de gouverner. Il ne la retient pas pour l'exercer lui-même, il la transmet à d'autres seulement, elle n'échappe pas à l'obligation du transfert. Cette nécessité forme pour la multitude un lien strict, rigoureux, invincible et, je crois permis de le dire, un devoir naturel. Quelle autre origine pourrait-on lui assigner ? Il précède les lois humaines et ne repose pas sur une loi divine positive. Le mode seul appartient à la raison, au droit humain; la faculté, la règle ont une autre source. J'achèverai cette démonstration en examinant les effets du transport.

Maintenant que l'obligation de transmettre la puissance publique nous est connue, je puis aborder un point complémentaire du chapitre précédent. Il se rattache en même temps à la possession et au transfert de l'autorité. Son étude ne pouvait devancer la notion du transport, elle doit précéder l'examen de l'objet à communiquer; il semble donc qu'elle vienne se placer ici d'une façon utile. Le pouvoir civil, je viens de le dire, existe immédiatement en vertu du droit naturel dans la société. Elle doit le transmettre; celui ou ceux qui le reçoivent possèdent-ils à leur tour une puissance venue d'en haut directement ou la tiennent-ils d'une façon médiate? En d'autres termes, le peuple accorde-t-il une chose qui lui soit devenue propre, lui appartienne, ou bien est-il un simple canal par lequel l'autorité divine arrive à l'élu, le fil conducteur d'une essence qui ne l'imprègne pas au passage? Cette question offre plus d'intérêt qu'elle ne semble en comporter à première vue. En effet, si le pouvoir est transmis par le peuple, sans assimilation préalable, celui qui l'obtient le reçoit immédiatement de Dieu, est investi d'une puissance entière, sans autres limites que la justice, la conscience, le but : le peuple n'a plus de droits. L'autorité civile pourrait même céder à la tentation de placer son titre immédiat en face du droit direct de l'Eglise. Si le pouvoir, au contraire, est attribué par la multitude, en vertu d'une possession réelle, antérieure, celui ou ceux qui le reçoivent, le tiennent d'elle. Elle a le droit d'en régler la forme humaine, l'étendue, la durée, de transmettre, en un mot, dans toutes les conditions qui ne portent pas atteinte à l'essence, au but; la puissance publique est d'institution humaine. Le devoir d'obéissance ne varie pas, mais les peuples retrouvent leurs droits et leurs libertés.

Ceux qui voudraient contester le titre de la multitude, établir la réception directe, au moyen d'un intermédiaire inconscient, sont réduits à s'étayer de deux sophismes. Un pouvoir, disent-ils, qu'on peut transporter seulement, n'est pas un pouvoir réel. Le peuple ne possède pas la puissance elle-même, mais simplement le droit de la déléguer; il ne commande pas, il transmet pour être commandé lui-même de droit divin. La réponse est facile : pour transmettre, il faut détenir en propre ou bien avoir reçu mandat du véritable possesseur; le droit humain exige même dans ce dernier cas un pouvoir explicite. La loi naturelle est notre règle, demandons-lui si le peuple confère à titre de possesseur ou de mandataire certain.

Elle nous indique clairement la détention de l'autorité par la multitude, puis l'obligation de la transmettre. Cette obligation se dégage de l'impossibilité pour une foule d'exercer la puissance. Il n'y a pas là l'indice évident d'un mandat, la trace d'une réserve par le premier ayant droit; le peuple n'attribue donc pas à titre de procureur. Dans la propriété humaine, plus complète en ses effets, l'usage peut se distinguer de la possession et ne vient pas l'infirmer. Une chose ne cesse pas d'appartenir en propre, lorsque le détenteur ne peut jouir de tous ses droits. L'obstacle dans l'exercice peut donc se joindre à la possession, n'est pas incompatible avec elle. Mais il faut examiner de plus près encore l'assignation particulière de l'autorité, bien que ce soit peut-être devancer l'étude de l'objet du transfert. La loi naturelle n'accorde le pouvoir à aucun homme en particulier, la nécessité de communiquer nous laisse donc libres de transmettre à qui bon nous semble; c'est un premier signe d'indépendance, de possession.

La puissance, pour atteindre à sa fin, la conservation, le bien de tous, n'a pas besoin d'être absolue, de revêtir telle ou telle forme; le peuple a donc la faculté de lui imposer certaines limites, de la transmettre sous des aspects divers.

La nature du pouvoir social nous l'indique : il est divisible, peut s'exercer partiellement, ne peut même s'utiliser que dans cette condition. Une seule volonté, qu'elle soit collective ou bien individuelle, ne pourrait suffire à toutes les tâches de la puissance, il est donc permis de la scinder.

La nature du pouvoir ne s'oppose pas à ce qu'il change de mains au bout d'un certain temps; la durée peut donc être circonscrite, le transfert se renouveler.

L'obligation de transmettre repose, je l'ai dit, sur l'impossibilité d'exercer; mais cette impuissance ne s'étend pas à tous les actes du pouvoir; le peuple a donc le droit de réserver tout ce qui est à sa portée, l'acquiescement à certains actes, parfois même la décision première.

En résumé : la loi naturelle nous l'indique d'une façon claire, précise, certaine : le peuple doit transmettre dans son essence irréductible, de manière à ce qu'il puisse atteindre à sa fin, le pouvoir qu'il ne peut utiliser. Mais elle nous l'enseigne en même temps : la société peut modifier, restreindre hors de cette limite ce qu'elle attribue. Elle garde le choix des personnes, la disposition de l'étendue, de la durée, de la forme du pouvoir; elle peut réserver les actes qu'il lui est possible d'accomplir; n'est-ce pas là l'indice de la possession? L'élu n'a pas titre pour revendiquer un pouvoir direct absolu : le droit naturel fait justice de cette prétention. D'autres essayent d'un argument qui n'a pas plus de valeur. « Commander, disent-ils, est le propre du supérieur, et la communauté ne peut être supérieure à elle-même, elle ne peut donc posséder le droit de se commander à elle-même. En outre, si la communauté, en tant que supérieure, pouvait communiquer la puissance, elle pourrait également la révoquer quand bon lui semblerait, car le supérieur est libre de retirer des facultés qu'il a accordées, et ce serait contraire au principe de conservation. » C'est une confusion d'idées, de mots et de principes. Ainsi que le fait remarquer un savant auteur, « il y a dans une seule et même chose des essences supérieures et des essences inférieures. » Les unes, en effet, peuvent commander, les autres obéir sans que l'unité soit rompue. Chez l'homme par exemple, la volonté imprime le mouvement aux divers organes et doit subir elle-même la loi de la raison. Oserait-on prétendre que l'homme, n'étant pas supérieur à lui-même, ne peut gouverner ses membres ? La volonté démontrerait à l'instant même sa puissance. Le pouvoir n'étant pas supérieur à lui-même, ne pourrait édicter des lois qui l'obligent ; il resterait affranchi de toute règle humaine. L'homme deviendrait incapable de réprimer ses passions ; il ne serait plus qu'une toile balancée par tous les vents. Il suffit de déduire les conséquences pour faire apercevoir l'inanité du principe. Dans tous les cas, la société est supérieure à ses membres; ou bien, l'intérêt général ne pourrait dominer l'intérêt particulier. Elle a juridiction sur eux, est parfois supérieure au pouvoir lui-même, peut s'opposer à ses entreprises, lorsqu'elles la mettent en péril : nous le verrons plus loin.

Cette prééminence relative ne pourrait lui conférer le pouvoir absolu d'investir et de déposséder. L'association n'a pas créé sa puissance, elle l'a reçue de Dieu, soumise aux règles de la morale et de la justice. Or une simple possession initiale ne peut donner le droit de reprendre ce qu'on a transmis, de rompre l'engagement qu'on a formé. La suprématie qui viendrait le permettre devrait être entière, sans restriction, divine, et les peuples n'ont pas la souveraineté personnelle et sans limites. Il n'y a donc dans cette objection que le mélange de deux choses distinctes, une puissance relative à laquelle on attache le privilège d'une souveraineté absolue.

On peut en définitive le tenir pour certain, la société reçoit la puissance publique, la détient, la possède, en dispose, sous les réserves que j'ai faites, conformément à son intérêt, à son salut. Elle existe immédiatement chez elle en vertu du droit naturel, et ceux qui l'acceptent de sa main n'obtiennent pas une investiture providentielle directe. Telle est l'opinion des docteurs catholiques les plus recommandables, les plus sûrs, tel est le langage qu'ils ne craignaient pas de faire entendre aux rois trop soucieux de leur puissance. La thèse inverse peut s'étayer de Luther, de Mélanchthon, de Calvin; mais leurs successeurs nous ont produit la mesure de ces flagorneries intéressées en étendant le droit de résistance. Ils ont proclamé que l'opposition à l'établissement de la réforme ouvrait le droit de s'insurger et de déposer les pouvoirs. Buchanan allait jusqu'à la mort. Luther lui-même jetant le masque ou délaissant sa pensée, affirmait que dans la lutte contre le Pape il n'y avait plus ni magistrats ni Rois [1]; c'est dire combien la première opinion des chefs de l'école était sincère ou réfléchie.

1. Thèses de 1540.

CHAPITRE VIII

QUI DOIT TRANSMETTRE ?

Il n'existe pas de privilège à cet égard. — Nouvel examen de la puissance paternelle, de l'intelligence, de la fortune au point de vue de la transmission. — L'autorité reçue par tous doit être transmise par tous. — Suffrage universel. — Est de droit naturel. — La loi civile ne peut intervertir la faculté. — La défaillance physique ou morale de la nature humaine permet d'écarter les incapables et les indignes. — Le droit de transmission n'est pas permanent. — Peut se négliger. — Délégation tacite. — Suffrage à plusieurs degrés.

Pour transmettre il faut être possesseur ou mandataire certain. La personne qui garde en propre ou bien est commise par le véritable ayant droit, a seule qualité pour transférer ce qu'elle détient. Nous l'avons établi : le peuple entier, sans acception de personnes, reçoit de Dieu l'autorité qui doit le préserver, le conduire au bien ; la multitude a donc seule titre pour attribuer la puissance obtenue. Si nous ne pouvons découvrir quelque indice ultérieur venant réglementer, atténuer cet enseignement de la loi naturelle et de justice, je ne me suis pas trop avancé dans ma première partie en l'affirmant : le suffrage universel est le droit. Le transfert suit la possession : telle est la loi rigoureuse. On peut cependant transmettre ce qui appartient à un autre, si on le fait en son nom et par son ordre. Le mandat du peuple pourrait confier à un petit nombre le soin de répartir la puissance publique ; ce serait la règle la plus sage, le transfert à deux degrés. Mais, en dehors de cette délégation régulière, existerait-il un signe naturel de mandat venu soit de Dieu, soit du peuple, des prérogatives spéciales dont quelques-uns puissent bénéficier ? Certaines personnes, de bons esprits même se le figurent, pensent que l'intérêt, le salut du peuple établissent des privilèges naturels, un droit particulier de transmission. La connexité qui subsiste entre la détention et le transfert de la puissance publique les oblige à chercher ce privilège dans les éléments dont j'ai démontré le peu de valeur à l'égard de la possession. Ils s'adressent à la puissance paternelle, à l'intelligence, y joignent seulement la fortune. Je vais être obligé de me répéter, je le ferai du moins succinctement :

La puissance paternelle, encore une fois, n'a rien de commun avec le pouvoir civil. Issue de la mise au jour, elle s'applique d'une manière exclusive à la descendance, à la famille. La paternité est la source de ce pouvoir patriarcal; sans paternité, il n'est plus de pouvoir, par suite de transmission possible. La puissance publique, au contraire, s'étend à un grand nombre de familles éloignées les unes des autres, doit trouver sa base en dehors de la génération. Le lien du sang ne peut se transporter à un autre, il n'est pas besoin de le démontrer; le père ne peut donc transmettre le pouvoir qui s'y rattache : à défaut du père et de la mère, nul ne peut la recueillir. En admettant même que cela fût possible, le père ne pourrait transférer que ce qu'il possède; or le pouvoir réel lui échappe lorsque l'enfant peut se suffire à lui-même; la soumission fait place aux devoirs de respect et d'assistance. Le père n'aurait donc aucun titre pour transmettre une souveraineté sur ses enfants adultes, stipuler en leur nom, les astreindre. Laissons la puissance paternelle à son domaine, et voyons s'il est possible de rencontrer ailleurs un mandat naturel plus consistant.

L'intelligence est nécessaire pour transmettre l'autorité; aussi, je l'admets, j'y reviendrai, il est permis d'éliminer les incapables. Mais elle n'est pas le signe naturel d'un privilège de transfert. La loi naturelle, je le répète, s'appuie sur des rapports aisément reconnaissables, nettement accusés, clairs, précis, nécessaires, exclusifs, absolus. L'intelligence ne présente pas un rapport unique avec le pouvoir civil; son domaine est plus vaste. Elle n'est pas seule nécessaire à la transmission de l'autorité; d'autres qualités lui sont également indispensables, la droiture, l'équité, la conscience, par exemple. Il n'y a donc pas un rapport exclusif entre la cause et l'effet, entre la faculté et sa fin, une relation capable d'affirmer un titre naturel, d'écarter tout autre indice de ce même droit. La justice, la probité, le sentiment du devoir, je le répète, devraient obtenir un privilège au moins égal, supérieur peut-être à celui de l'intelligence. Mais, dira-t-on, il est impossible de les fixer avec certitude. L'intelligence est-elle plus facile à saisir, à déterminer? Elle ne s'affirme pas par elle-même sans conteste; elle est discutable, suppose un juge, un juge constant. Le point initial exige un arbitre; la situation du moment, un compteur pour la mesurer; l'homme de génie de la veille peut devenir l'esprit douteux du lendemain. Qui aura titre pour prononcer si la faculté nécessaire du peuple ne domine pas le prétendu droit de l'intelligence? Si le peuple est juge, ordonne, doit proclamer l'intelligence, son privilège est supérieur; le droit de l'intelligence devient subordonné, s'affaisse, n'existe plus. On a prononcé dans le temps le mot de capacités pour donner une issue aux ambitions en éveil. Je ne sais rien pour ma part qui entoure une toque de bachelier, un bonnet de docteur d'une auréole de droit divin. Sans le travail ultérieur, le sentiment du devoir, ces constatations premières peuvent aboutir à l'oisiveté, à toutes ses suites, au déclassement comme au progrès suivi de l'intelligence et de la raison. Là même, il n'y aurait pas un rapport nécessaire entre la cause et l'effet, entre le signe et le droit. Mais, du reste, comment un titre universitaire pourrait-il obtenir ce qu'il y a lieu de refuser à l'intelligence elle-même? Ecoutons le véritable langage de la loi naturelle, comme il est net, évident, indiscutable. Le pouvoir est nécessaire à la société; la société l'obtient, le possède. La nature ne l'assigne à personne en particulier, il appartient à tous sans distinction. Une multitude ne peut l'exercer utilement, elle doit le transmettre. Voilà des conséquences rigoureuses, absolues, sans ambiguïté possible, s'imposant avec plus d'autorité que le titre nébuleux de l'intelligence.

La fortune ne peut assurer davantage un privilège de transmission. Elle est une matière, et l'objet du transfert est un être moral. La substance inerte ne peut être l'indice naturel d'une prérogative morale. Elle peut donner à ceux qu'elle atteint des avantages matériels, mais il serait impossible d'en dégager une suprématie morale; telle est la loi de sa nature, on ne peut en faire ressortir autre chose. Elle peut faciliter la culture de l'esprit, elle peut aider à l'obscurcir, et l'intelligence elle-même n'est pas le signe d'un droit de pouvoir et de transmission. Elle permet de faire le bien, elle permet de faire le mal. Elle n'est pas un symptôme assuré de clairvoyance, de justice; nous en avons des exemples : quel serait son titre? Elle peut inciter à la bonne gestion des deniers publics, dans une certaine limite à la conservation de la société; elle présente une forme saisissable; là se bornent ses avantages. Un avantage ne suffit pas à démontrer un droit naturel; il faut en pareil cas rencontrer un lieu plus ferme, nécessaire, et la fortune ne se joint pas d'une manière indispensable à la possession, au transfert du pouvoir. L'intelligence, la justice la dépasseraient en utilité, sans atteindre elles-mêmes à la force de ce lien. Il suffit, du reste, pour écarter entièrement la fortune, de rappeler ce que je disais au début : une matière, une inertie morale, ne peut être le signe naturel d'un droit moral.

La puissance paternelle, la fortune, l'intelligence ne peuvent invoquer un droit naturel de transmission, ne viennent pas infirmer le privilège certain de la multitude. La loi civile ne peut intervertir les facultés. Un droit naturel est imprescriptible, ne peut être atteint que par la défaillance physique ou morale de la nature humaine. Je n'ai pas besoin de l'ajouter, en écartant des droits prétendus, gratuitement attribués, je n'enlève rien aux titres que leurs pseudo-titulaires viennent offrir à la confiance, au choix de la nation. On peut donc l'affirmer : l'autorité reçue par tous doit être transmise par tous; là est l'ordre divin, là est le droit, et le droit prime toutes les considérations, alors même qu'elles existent. Mais, je l'ai dit également, une prérogative, humaine par son possesseur, n'est pas irréductible. Elle participe aux défaillances de la nature humaine, s'affaisse avec la raison, peut se perdre par les écarts de la volonté. Le droit collectif de pouvoir social garde un but certain, invariable, inflexible, la conservation, le bien de tous, une voie dont il ne peut se détourner, la justice. Un droit établi pour une fin déterminée et qui ne peut plus tendre à cette fin est nécessairement suspendu pendant toute la durée de l'impuissance; il n'a plus sa raison d'être, il cesse d'exister en fait. Le pouvoir d'accomplir ne peut survivre à la perte de l'intelligence et du libre arbitre, au dessein arrêté de mal faire. D'autre part, la société tient de son Créateur la puissance de vivre, de se préserver, d'écarter ceux qui voudraient la mettre en péril. Quand il s'agit de ses membres, elle obtient à cet effet le pouvoir de faire des lois, le droit de juridiction, la faculté de punir. Elle peut donc atteindre ceux qui volontairement ou non lui apportent un danger. L'autorité sociale peut décréter d'une manière souveraine à leur égard, rejeter, punir les indignes, éliminer les incapables, leur enlever le droit de transmettre le pouvoir.

L'incapacité, l'indignité, le verdict du peuple à cet effet, qu'il le prononce lui-même ou par des représentants, peuvent seuls motiver la suspension, la perte du droit naturel de communiquer la puissance. En dehors de cette exception, la règle subsiste en son entier, la puissance publique affecte tous les membres du corps social; le droit, l'obligation de la transmettre incombent à tous ceux qui la détiennent. La loi humaine ne pourrait oublier ce précepte, exclure d'une façon arbitraire, attribuer des privilèges sans franchir les limites du juste. Le suffrage universel est pour quelques personnes un épouvantail; cette appréhension ne me paraît pas raisonnée. S'il repose sur le droit naturel, et je crois l'avoir établi, ceux qu'il touche ont nécessairement les facultés utiles à la fin. La Providence peut laisser à notre portée le bien et le mal. Nous devons atteindre au bien par l'usage de la liberté; elle n'a pu nous donner un droit, nous imposer une obligation forcément délétères. Déclarer que le suffrage universel est vicié dès l'origine, nécessairement aveugle ou criminel, est une assertion gratuite, une affirmation inexacte, contraire à l'ordre divin. Il peut le devenir; mais alors même Dieu ne nous a pas laissés sans défense contre les égarements d'une majorité. Les lois injustes n'obligent pas; la transmission a dû créer un pouvoir indépendant, souverain dans ses limites, capable, nous le verrons plus tard, de s'opposer aux aberrations d'un peuple. Il est difficile enfin d'admettre l'inefficacité constante de l'intelligence, du devoir, de l'instinct de la conservation. Pour mon humble part, en vue de l'origine, je le crois, le suffrage universel est au contraire celui qui doit présenter l'action la plus saine, la plus utile.

La société, nous l'avons dit, a le droit d'écarter les incapables et de rejeter les indignes. La mesure prise à cet effet ne peut toujours être individuelle; dans une foule innombrable, il n'est pas possible de distinguer à l'infini. La raison, la nécessité nous l'indiquent : il est permis de procéder par divisions, par catégories, lorsqu'il ne peut être fait autrement et que le salut du peuple l'exige. L'indispensable est de les établir avec droiture, de ne pas frapper volontairement, sans urgence absolue, des titres réels.

Il ne serait pas permis d'atteindre par ce moyen des droits fidèles à leur but, et qu'il serait possible de respecter. Il ne serait pas licite d'échapper ainsi à la force d'une majorité soucieuse de la justice, de déplacer en un mot le pouvoir légitime. Suspendre un droit naturel est, en principe, un fait anormal; la privation doit être rigoureusement motivée par la défaillance de la nature. Celui qui la prononce enfin doit avoir qualité pour le faire. Le peuple a ce pouvoir, mais le peuple entier agissant par lui ou par sa puissance. Une limite établie par un nombre insuffisant de juges, par une représentation restreinte, fictive, une autorité contestable, serait sans vertu, sans effet. Un pouvoir législatif, tenant l'origine du suffrage réduit, n'aurait pas titre pour prononcer des exclusions; la société, sa puissance publique pourraient seules ratifier son verdict, lui donner la force du décret, le bénéfice de la loi; il serait donc inutile d'invoquer des précédents, l'exemple d'un autre âge.

La multitude peut cependant négliger son droit, l'abandonner en tout ou en partie, pour une période même indéterminée, légitimer ainsi l'usurpation de son domaine. Elle n'est pas dépouillée de son privilège, ne le perd pas, ce n'est pas même l'oubli du devoir, c'est une délégation tacite compatible avec le droit. Sous la Restauration, par exemple, le suffrage universel n'était réclamé par personne. Sous le gouvernement de Juillet, M. de Genoude, un groupe imperceptible de républicains étaient seuls à le demander; il était permis de conclure au délaissement volontaire ou plutôt à la délégation implicite. Le peuple abandonnait aux électeurs censitaires le droit, reconnu par la Charte, de choisir des députés, de transmettre le pouvoir législatif à des époques fixes.

La faculté, l'obligation de conférer la puissance ne sont pas permanentes. Le droit s'épuise, s'aliène par son exercice pour l'étendue et la durée du transfert; le devoir s'éteint par son accomplissement. Cette démonstration reviendra plus d'une fois dans le cours de cet aperçu ; je la commencerai au chapitre suivant. Une des grandes difficultés de ma tâche est de rencontrer souvent, à chaque pas pour ainsi dire, la même question, la même étude. Je suis obligé de l'ajourner lorsque je n'ai pu mettre en lumière les éléments qui la composent, lorsque je ne puis donner à ma discussion la forme brève, précise qu'elle comporte. Enfin, si le peuple a le droit de se conserver, de se défendre, d'écarter les incapables et les indignes, Dieu, le maître de toutes choses, de tout pouvoir, le juge suprême d'une nation, doit retenir une autorité plus grande. Il est nécessaire qu'il puisse à certains moments parer à l'aberration d'un peuple, le punir de son atteinte à la justice. Il est nécessaire qu'il puisse le garantir de la perte, le préserver du suicide, reprendre le pouvoir qui échappe à sa raison dévoyée, l'établir lui-même ou par un représentant. Ce n'est pas une dérogation à la loi naturelle immuable, c'est le remède à un état morbide, anormal, le châtiment de la révolte. La nature faussée n'est plus une base de droit naturel; elle échappe à la règle, à ses obligations, ne peut en garder les avantages.

Le développement de ce principe assuré trouvera place à son tour aux causes exceptionnelles de pouvoir civil.

Je me résume : le suffrage universel est le précepte, le droit. Ce droit peut subir de justes atteintes; mais il existe alors un fait exceptionnel, une suspension temporaire de l'ordre naturel, divin, qui appelle la sollicitude la plus vive du législateur. Quand Dieu n'a pas réduit le nombre des bénéficiaires de sa puissance, des dispensateurs de son autorité, il faut un motif bien grave, une conviction bien invincible pour s'y résoudre. Quand il a creusé le lit d'un fleuve, en fait même, n'y a-t-il pas témérité à vouloir l'enfermer dans la seule largeur d'un ruisseau ?

Mais un principe incontestable n'oblige pas à en tirer des conséquences absolues; l'absolu n'existe que dans le domaine spirituel. La raison, la prudence doivent intervenir dans toutes les choses humaines ; la faiblesse de notre nature peut motiver des décisions sévères. Je l'ai déjà laissé pressentir : la certitude prudente, consciencieuse du salut peut mener à entendre rigoureusement la défaillance ou la perversion. Le peuple est juge de l'individu ; peut assurer son droit de vivre dans la seule limite de la justice.

Je l'ajouterai pour terminer : le mode de transfert ressort du droit humain ; l'intelligence nous le fait connaître, le suffrage ne peut être aveugle, livré au hasard. Celui qui transmet doit connaître le postulant qu'il investit, pouvoir l'apprécier, sa résolution doit être éclairée. Le vote doit donc s'exercer tout d'abord dans un rayon qui ne soit pas trop éloigné de l'électeur, élargir ensuite son cercle, arriver au but par étapes, selon qu'il est plus ou moins distant. La prudence nous l'ordonne : le suffrage doit avoir un ou plusieurs degrés suivant l'étendue de la surface qu'il intéresse. Le suffrage direct ne me paraît pas devoir dépasser les limites d'un canton ; le reste motive des transferts successifs, des délégations particulières. C'est le fait des institutions humaines d'établir à cet égard les règles nécessaires.

CHAPITRE IX

CE QUE LA SOCIÉTÉ PEUT ET DOIT TRANSMETTRE

Le peuple doit transmettre la puissance qu'il ne peut exercer. — La nature et le but sont irréductibles. — Points laissés à notre libre arbitre : forme, étendue, division, durée. — La transmission à titre perpétuel est licite. — Monarchie héréditaire. — Pouvoir à temps. — La transmission épuise le droit, aliène le pouvoir dans les termes du transfert. — Le droit n'est pas individuel mais collectif. — Le pouvoir est divisible; conséquences.

La puissance publique, je l'ai dit, reçue par la société, par la multitude, ne peut s'exercer d'une manière individuelle ou même collective. Pour obtenir une action utile, elle doit se résumer en une volonté unique qui puisse se manifester aisément. Le peuple réuni ne saurait parvenir à l'usage fréquent ou rapide, au but de l'autorité sociale; il est contraint de transporter ce qu'il ne peut accomplir. La nation doit transmettre sa puissance publique. C'est pour elle un devoir naturel, une règle impérieuse, mais en même temps c'est son seul lien. Il lui suffit de communiquer un pouvoir qui vienne atteindre à sa fin, la préservation, l'avantage de tous, conduire avec justice, de transférer la part de puissance dont l'exercice lui échappe forcément. A ces conditions, les seules que lui révèle la nature des choses, les seules qu'elles lui imposent, la multitude recouvre sa liberté entière. Il lui est permis d'accommoder la puissance à son intérêt, de la transmettre comme elle l'entend. La loi naturelle cesse de la guider, de l'astreindre ; elle la livre à ses pensées, à sa conscience, à sa raison. Une règle unique, en effet, ne serait plus applicable. Le pouvoir doit s'approprier au caractère particulier des groupes, aux exigences des temps, au degré de civilisation, aux besoins, aux intérêts, aux tendances de chaque peuple, à ses vertus, même à ses faiblesses. Tous les hommes ne peuvent être conduits de la même manière, et chaque heure peut appeler sa règle séparée. La théocratie, la conduite directe des peuples par Dieu, aurait pu seule varier, définir, graduer des institutions politiques. Dieu a récusé cette tâche, et nous avons peut-être aperçu les motifs. La liberté humaine doit reprendre ses droits ; la forme, l'étendue, la durée du pouvoir, le nombre des dépositaires restent soumis à notre raison, à notre puissance. La règle naturelle divine formule l'objet du transfert, sa nature, ses qualités essentielles, indique l'urgence du transport; le reste nous appartient. Nous sommes libres de transmettre la puissance entière à un seul, si nous le jugeons à propos : c'est la monarchie absolue; de tempérer le pouvoir, de réduire ses attributions, ses prérogatives : c'est la monarchie constitutionnelle.

Nous pouvons établir cette monarchie à temps, elle est élective, à perpétuité dans une même famille, elle est héréditaire.

Il nous est loisible de communiquer le pouvoir à un plus grand nombre, d'en faire le privilège d'une certaine classe : c'est le gouvernement aristocratique; de choisir nos élus dans tous les ordres, c'est la démocratie. Nous pouvons diviser la puissance et la borner ainsi, lui imposer un contrôle, des limites de force et de temps, la retrouver et la transmettre encore à l'heure voulue; tout cela est de notre domaine, livré à nos discussions, à notre intelligence, à notre arbitre. Il nous suffit de respecter l'essence et le but, d'établir un pouvoir conforme à sa nature, capable d'atteindre à sa fin. Tout ce qui est indispensable à cette nature, à cette fin doit entrer dans la transmission; tout ce qui leur fait obstacle doit en être écarté; tout ce qui dépasse le nécessaire peut être retenu. J'ai défini l'essence irréductible et le but de la puissance publique. Elle est le droit de commander au point de vue social et d'être obéi selon la justice, pour la conservation et le bien de tous; je n'ai pas à revenir sur ce point. Mais il me reste à suivre de plus près cette formule générale, à rechercher dans l'application, dans l'usage habituel du transfert, ce qui peut être conforme au principe, à la règle. Je ne puis approfondir cette étude, lui attribuer son importance ; il m'est permis seulement de donner un aperçu des questions les plus usuelles, les plus saillantes.

Et d'abord, pour répondre à la pensée de certains esprits, est-il licite de transmettre la puissance publique pour un temps indéfini, de la conférer d'une façon perpétuelle, d'engager l'avenir des descendants? Je n'hésite pas à l'affirmer. La monarchie est la forme de pouvoir qui s'impose la première à l'attention des peuples, c'est le mode le plus simple qui réponde à l'unité de commandement. L'urgence d'un pouvoir efficace, la contrainte de se dessaisir ont dû porter tout d'abord les sociétés à transmettre la puissance par l'élection, le consentement. Les premières monarchies se sont appuyées sur l'acquiescement tacite, successif, sur la dépendance volontaire, alors que les peuples eux-mêmes s'agrégeaient avec lenteur, que la cohésion sociale venait remplacer le lien de la famille. L'assentiment revêtait une forme plus explicite lorsque la nation, déjà nombreuse, se choisissait un chef. Là encore cependant, l'élection, restreinte à l'origine, devait se compléter par l'acquiescement ultérieur des éloignés, des nouveaux venus. La transmission de la puissance aurait dû conduire les sociétés à ne percevoir tout d'abord que la monarchie élective, temporaire, au moins à vie. Et pourtant, dès le début, la raison naturelle leur a permis de s'abriter sous la loi tutélaire de l'hérédité. Plus tard, le développement de l'intelligence, les notions acquises, l'épreuve ont amené les peuples à reconnaître que la monarchie héréditaire présentait des garanties meilleures d'ordre, de puissance, de bonheur continus, les offrait peut-être seule. Elle forme encore, à l'heure actuelle, la base générale des pouvoirs en Europe. Elle peut donc atteindre au but, elle remplit la condition première indispensable, il n'y a pas lieu de l'écarter de ce chef. Non seulement elle est compatible avec la nature et la fin de la puissance publique, mais elle offre un avantage marqué sur toutes les autres formes de gouvernement. Quel pouvoir, en effet, est plus apte à commander, peut obtenir une action plus efficace, plus salutaire qu'une autorité fermement assise, en dehors, au-dessus des appétits malsains, des compétitions périodiques, des luttes et parfois des bouleversements qui en résultent? Le lien indissoluble qui joint une famille à son peuple, enlève à la puissance toute préoccupation égoïste, lui permet de consacrer toutes ses pensées, sa force entière au bien de la nation, l'incite à gouverner en vue de l'avenir en même temps que du présent. Le lendemain, au contraire, touche peu les pouvoirs à durée circonscrite. Que leur importe de léguer à des successeurs des finances compromises, des difficultés inextricables, fût-ce des périls? Le moment seul les intéresse, ils sont tentés de lui tout sacrifier. Si la délégation est renouvelable, leur avantage les pousse à garder les mêmes errements, à tromper la multitude aux dépens de sa prospérité future. Le peuple ne considère que l'heure présente, l'effet actuel le frappe seul; ses prévisions ne vont pas au delà. N'avons-nous pas vu des pouvoirs temporaires, afin d'obtenir un sursis, de se perpétuer, pour essayer de se faire croire indispensables, compromettre les intérêts les plus sacrés d'une nation? Mais les dangers venus de ceux qui briguent le pouvoir sont plus redoutables encore. L'ambition est délétère, s'affranchit aisément des règles de la morale; au dire même d'une certaine école, elles ne lui seraient pas applicables. Les pires ennemis des peuples sont les ambitieux. Les uns se contentent de surprendre leur bonne foi par les promesses les plus mensongères, les plus décevantes, de faire appel à leurs instincts mauvais; ce sont encore les plus honnêtes, on peut juger des autres. Ils ne craignent pas, comme le disait en d'autres termes ce futur ministre aussi mal inspiré dans la forme que dans le fond, de sacrifier un pays afin d'en recueillir la puissance, et, chose plus triste encore, s'il est possible, le pays les laisse faire. Quel espoir de rencontrer au milieu de ces plates ou coupables manœuvres, de ces basses convoitises, de ces viles passions, une intelligence assez haute, un cœur assez loyal pour être digne de gouverner les hommes? Une fois sur mille, peut-être, une supériorité viendra s'imposer; le plus ordinairement, ce sera le triomphe de l'incapacité, de la bassesse, de la fourberie, du crime. Aussi ne faut-il pas s'étonner que la déférence, le prestige s'éloignent des gouvernements temporaires, et la soumission leur fasse défaut. Ils manquent de force pour maintenir l'ordre, pour le bien, vivent en général d'une sorte de complicité avec la partie la moins saine, la plus turbulente de la nation. L'histoire nous le démontre : ces pouvoirs, fussent-ils à vie, ont toujours conduit les sociétés à leur perte, du moins en Europe; la Pologne en est un exemple et l'on en trouverait bien d'autres en s'adressant aux républiques. Le souverain héréditaire, n'ayant rien à demander qu'à son droit, échappe à ces capitulations de conscience, de dignité, d'honneur. Elevé dès la jeunesse à mériter l'amour du peuple, à se consacrer au bien, au bonheur de ses sujets, il reçoit en même temps l'instruction la plus étendue, un enseignement dirigé vers la conduite des hommes, qui donneraient à un esprit même ordinaire l'avantage sur une intelligence plus haute. Nos intérêts sont les siens et ceux de ses enfants. Notre situation prospère, notre grandeur sont irrévocablement jointes à sa destinée, à celle de sa race; notre abaissement frappe la dynastie au même point et peut lui enlever jusqu'au règne. L'intérêt donc après le devoir vient lui commander de gouverner avec sagesse.

La perpétuité n'exclut pas le progrès, elle y invite au contraire. Le Roi qui tient son pouvoir de l'hérédité n'échappe pas au souci du lendemain; si notre avantage lui est commun, notre affection, notre respect, notre obéissance forment son intérêt particulier. On ne gouverne pas un peuple à longue échéance sans tenir compte de ses besoins, je dirai presque de sa volonté; on ne le régit pas sans qu'il s'y prête.

Le soin de préparer l'avenir oblige les dynasties à ne pas rester en arrière du progrès nettement indiqué. Il peut y avoir des divergences d'appréciation, un moment d'incertitude; le résultat n'en est pas moins assuré. Il n'est pas un pouvoir qui ne le sache : en dehors même de l'attachement qui l'unit au peuple, du devoir qui l'oblige, il lui serait impossible de se refuser au progrès légitime d'une manière continue. Les faits viennent à l'appui. Si l'on interroge notre histoire, elle nous le dira : Sous cette impulsion, la Couronne en France a presque toujours penché vers les initiatives même précoces, a faibli trop promptement. Si l'on peut lui adresser un reproche, c'est d'avoir trop incliné vers les améliorations, fussent-elles encore douteuses.

A côté de leurs avantages, la certitude, la continuité du pouvoir peuvent offrir des inconvénients. N'est-ce pas le fait de tout ce qui est humain, de tout ce qui est soumis à l'action de notre liberté? Elle peut nous conduire au bien, elle a la faculté malheureuse d'aboutir au mal; il est impossible de la condamner pour cela, car telle est la loi de la Providence. Pour apprécier une forme de gouvernement, il faut chercher avant tout si elle mène avec certitude à ce mal, au moins si elle y invite avec plus de force. Or, je n'hésite pas à le dire : les défaillances des monarchies héréditaires ne balancent pas leurs avantages, sont bien moins redoutables que celles des pouvoirs à temps. L'hérédité a pu seule donner aux peuples jusqu'à l'heure actuelle la conservation, l'existence durable. S'il m'était permis de comparer d'une manière plus ample, je le démontrerais sans peine, les excès de toute sorte, la corruption des mœurs, l'exagération de la puissance, la tyrannie ont bien plus d'intensité sous les pouvoirs temporaires. Si la durée s'abaisse, ne s'étend plus même à la vie, les écarts deviennent encore plus grossiers, plus redoutables. Ces heureux d'un jour usent volontiers du peu de temps qui leur est départi pour se créer des fortunes, se gorger de jouissances, se livrer à tous les abus de l'autorité, ou plutôt de la force brutale. Est-il une oppression plus odieuse, plus sanglante que celle du jacobinisme français? Le despotisme d'un tyran païen ne pourrait lui rien envier.

La monarchie héréditaire enfin se prête à tous les tempéraments, à toutes les bornes, à tous les contrôles que dictent la prudence et la raison. Elle permet toutes les réserves destinées à prévenir les erreurs, à les rendre difficiles, presque impossibles, à diminuer leurs effets, sinon à garantir leur innocuité complète.

En résumé, la monarchie héréditaire est

l'union indissoluble, affectueuse du pouvoir et des sujets. C'est la stabilité, l'élément le plus essentiel de la force, de la puissance, du bonheur d'un peuple. C'est le respect confiant des nations étrangères, la sécurité, la grandeur. C'est la limite du commandement, la liberté rendues possibles par l'assurance de l'ordre, le progrès réfléchi, mais continu. C'est, en un mot, la conservation, le bien, le but irréductible de la puissance publique.

Le pouvoir à temps est au contraire l'éveil des ambitions malsaines, l'égoïsme brutal, le désir insatiable des jouissances ignorées. C'est la fortune publique devenant l'objet de toutes les convoitises, la défiance, le mépris à l'intérieur et à l'extérieur, la prospérité rendue impossible. C'est la morale foulée aux pieds, les compétitions, la lutte, la faiblesse, l'attaque parfois juste des peuples rivaux ou menacés, la conquête, la perte.

Je m'attarde sans profit aux mérites comparatifs des deux formes de pouvoir. La question à résoudre est plus simple. La monarchie héréditaire peut-elle atteindre au but de la puissance publique? Si la réponse est affirmative, elle est licite, il est permis de l'établir. Personne n'oserait, je crois, le méconnaître, et, s'il en était un seul, il suffirait de le renvoyer au premier volume d'histoire venu.

Mais, dira-t-on peut-être, les pères ne peuvent engager l'avenir des successeurs. Ils ne détiennent qu'une autorité personnelle, transmissible en ce qui les concerne; ils ne peuvent aliéner le droit de leurs enfants. C'est une erreur à tous égards. Le père, le citoyen à l'heure de la transmission ne communique pas un pouvoir individuel, mais une autorité sociale collective, dont l'existence plus durable peut se mesurer à la vie des peuples.

La puissance publique n'appartient pas à toutes les générations, n'existe pas d'une manière permanente dans la multitude ; elle s'y rencontre uniquement lorsqu'il y a motif régulier d'établir une suprématie.

Dieu, en effet, a créé le pouvoir civil non pour la personne, mais pour la réunion; il ne réside pas dans l'être isolé, mais dans la masse. Il est reçu par elle, déversé sur chacun de ses membres, faute d'assignation particulière; mais il est avant tout social; il vise un but social, la garde, le bien de tous. Ce n'est donc pas, dans l'acception étroite du mot, un avantage, un droit individuels. Aucun, pris séparément, ne peut en disposer à son gré, selon son intérêt particulier ou ses lumières, établir le gouvernement de son choix. Chaque membre de la nation ne peut instituer le pouvoir sous la forme qui lui paraît la meilleure, le remettre à qui bon lui semble, former un pacte isolé. Le droit du sociétaire ne peut aboutir à des résultats divergents. Le transfert opéré par le plus grand nombre devient obligatoire pour ceux qui ne l'ont pas consenti; la minorité doit suivre la loi juste de la majorité. La puissance publique est donc avant tout une autorité sociale collective; elle appartient à la nation qui se compose de membres, mais en définitive à la nation. Le contractant ne cède pas une possession individuelle, il transmet un titre plus général, qui doit emprunter ses caractères à la nature des sociétés. En réservant même l'enseignement du droit, sa durée peut s'étendre à la vie des peuples; ainsi nous l'indique l'essence de l'agglomération divine et de son pouvoir.

La puissance publique ne repose pas sur une aliénation de la liberté des pères ou des enfants; je n'ai plus à le rappeler. Venue de l'autorité suprême, produite dans l'intérêt de la sauvegarde, du bien des nations, elle s'adresse uniquement à cette fin. Quand la société a transmis utilement le pouvoir qu'elle a reçu pour se conserver, parvenir au bien, qu'elle possède à ce titre seul, il n'a plus sa raison d'exister chez elle. Il s'éteint pour le peuple dans la mesure de la transmission, en même temps le droit et le devoir de le communiquer. La cause disparaissant, l'effet doit cesser avec elle ; or, je le répète, la cause est ici l'urgence du pouvoir civil; l'effet, la détention, le transport de l'autorité par la multitude. Le peuple donc qui a transféré ne peut plus détenir. La puissance a changé de main, existe ailleurs, ne lui est plus indispensable, il ne peut plus la revendiquer au nom du droit naturel et la transmettre jusqu'au jour où la vacance légitime du pouvoir vient rétablir son droit primordial, le remet en possession de sa faculté nécessaire. Le transport est l'usage d'un droit établi pour le salut des peuples. Lorsque le droit s'est exercé à l'heure voulue, le devoir a été rempli par ceux auxquels il incombait, ils ne s'adressent plus aux successeurs. Le descendant ne peut avoir aucun titre à réclamer, ce que son père a transmis; le pouvoir subsiste, le terme est atteint, le droit formé en regard du but s'affaisse jusqu'au jour où la fin elle-même vient lui rendre sa valeur naturelle.

Je l'ajouterai, bien que je doive m'appuyer sur les conclusions des chapitres suivants, le mode de transfert est de droit humain. Or il s'agit ici d'un véritable transport de droits, d'une aliénation réelle, qu'ils soient temporaires ou définitifs. La transmission du pouvoir, je le démontrerai plus loin, ne peut emprunter une de ces formes de contrat qui permettent de donner et de retenir. Le devoir d'obéissance exclut le droit au commandement. La puissance publique doit obtenir sa force nécessaire, l'inférieur ne peut rester le maître ou même l'égal de celui qui ordonne. Le peuple qui transmet le pouvoir civil doit donc s'en dessaisir, l'aliéner. Le principe du droit humain en pareille circonstance est que l'aliénation investit le bénéficiaire dans les termes du transport. Celui qui transfère ne détient plus; le peuple qui a transmis cesse de posséder dans l'étendue et pour la durée de l'attribution. On ne peut reprendre ce qu'on a translaté, rompre l'engagement qu'on a souscrit : telle est la règle exacte et générale.

L'aliénation perpétuelle d'un droit ne rencontre aucun obstacle, elle s'impose aux héritiers alors même qu'elle n'est pas dans leur intérêt; et, je dois le faire remarquer, elle est ici dans leur avantage.

Ce n'est pas l'opinion seule des gens studieux qui ont approfondi la doctrine, c'est la croyance générale, universelle; les faits viennent l'attester. Nous sommes à l'heure actuelle en République, sous un président septennal. Chaque année cinq cent mille Français environ atteignent la majorité de vingt et un ou vingt-cinq ans, peu importe. Durant la septième année, trois millions d'électeurs se trouvent donc étrangers au choix du président et doivent respecter l'engagement de leurs pères ou de leurs nationaux. Il ne vient à l'idée de personne de réclamer pour eux le droit de transmettre l'autorité présidentielle. S'il en était autrement, ce ne serait plus même l'instabilité, ce serait la perturbation constante, le chaos. Chacun donc le reconnaît, les républiques elles-mêmes, le droit de communiquer le pouvoir civil n'est pas un droit personnel, absolu, permanent, lié d'une manière indissoluble au citoyen. Il peut rencontrer un obstacle, la durée d'un engagement souscrit par un autre; il doit s'incliner devant la force d'un pacte antérieur; il n'est pas invincible, inéluctable.

Les républiques admettent, non seulement la stabilité d'un engagement à échéance fixe, elles proclament aussi haut que possible le caractère indéfini d'un pacte fédéral, d'un lien politique. Quand la forme républicaine est entrée dans une constitution, elles la placent lorsqu'elles le peuvent au-dessus de tout débat ultérieur. Elles l'appuient par les lois, la protègent par les armes, ne la soumettent pas au jugement du peuple.

L'engagement perpétuel est donc licite aux yeux de tous, aussi bien que la stipulation temporaire. La transmission d'un pouvoir héréditaire est permise, tant au point de vue de la fin que des principes. Elle ne froisse aucun droit, ne lèse aucune règle humaine ou divine, est au contraire en harmonie avec toutes les lois qui nous régissent. Elle atteint aisément le but, ce que ne fait pas la doctrine adverse, est féconde en ses résultats, présente des avantages reconnus par la majorité des nations, est en résumé la plus conforme à la nature, à l'objectif de la puissance publique. Les républiques elles-mêmes, je le dis une seconde fois, reconnaissent la fermeté du pacte de transfert, fût-il indéfini, et elles sont dans le vrai : il n'existerait plus sans cela d'autorité possible, la puissance, contestable à chaque heure, ne serait plus la garde efficace qui nous est nécessaire, que Dieu nous a remise pour nous conserver.

J'aborde une seconde question. Le peuple doit-il transmettre en entier soit à un seul, soit à un petit nombre, l'autorité sociale qu'il ne peut exercer lui-même, ou bien peut-il la désunir, la communiquer par portions, l'attribuer par fragments? Il semble au premier aperçu que l'autorité, la loi, la contrainte ne puissent se diviser; la règle, le droit de la faire accomplir ne sont que la manifestation, le corollaire de la suprématie. Il est possible cependant, il est bon, il est urgent de les séparer. Une seule intelligence ne pourrait faire face à toutes les obligations du pouvoir, une seule volonté ne pourrait imprimer le mouvement à tous les rouages nécessaires. Je ne parle pas du fractionnement indispensable pour atteindre chaque associé, pour faire parvenir l'action publique sur tous les points du territoire; je m'attache seulement à la division générale qui permet à la puissance de répondre à ses usages divers.

Le pouvoir civil, nous l'avons dit, offre trois aspects nettement accusés, selon qu'on l'envisage au point de vue de ses effets gubernatifs, législatifs ou judiciaires. Ces prérogatives d'une seule et même nature peuvent et doivent se scinder. La séparation est possible, utile, nécessaire, doit se produire à ces titres. Si le peuple ne l'effectue pas lui-même, celui qui a reçu sa puissance ne peut échapper à l'obligation de l'opérer.

La division est possible en principe, en fait. Elle n'est pas incompatible avec la nature essentielle du pouvoir; rien n'empêche que des efforts distincts soient assignés à des personnes diverses. Le nécessaire est qu'ils ne viennent pas forcément se combattre, s'annihiler, qu'ils puissent se réunir, atteindre au même point, permettre à l'autorité de dégager sa force indispensable.

La séparation des pouvoirs existe dans presque tous les états sans entraver d'une manière certaine la force du commandement; elle est donc possible en fait comme en principe.

Elle est utile : il importe à l'intérêt du peuple que la suprématie ne se trouve pas condensée dans la même main, que la puissance entière ne vienne pas étayer l'erreur d'un seul. Il importe qu'il existe des pouvoirs distincts, se servant d'appui mutuel, d'équilibre, de contrôle; que les défaillances de l'un ne s'étendent pas à tous.

Elle est nécessaire : je le rappelle, le génie le plus merveilleux, une réunion même d'intelligences d'élite ne pourraient suffire à gouverner, à faire les lois, à rendre la justice, fût-ce par des délégués recevant leur impulsion. Le partage de l'autorité est donc possible, utile, d'une urgence rigoureuse, à plus forte raison licite.

Les bornes de cet aperçu ne me permettent pas de relater tout ce que peuvent contenir un transfert de puissance, une constitution politique. Il m'est permis seulement de le redire en thèse générale : la transmission ne peut infirmer la nature essentielle, le but nécessaire de la puissance publique; le reste appartient à notre liberté. Nous pouvons disjoindre les pouvoirs, leur assigner toutes les limites d'étendue, de durée qui ne viennent pas les anéantir, multiplier les dépositaires, leur imposer une direction, des clauses, des contrôles. Nous pouvons établir nous-mêmes le mécanisme des institutions, le compliquer à notre gré. Nous pouvons grouper tous les pouvoirs sur une seule tête, ou sur un petit nombre, en joindre deux seulement. Ce serait contraire à l'équilibre utile, à la raison, attribuer une puissance excessive ; ce ne serait pas la faire dévier nécessairement de son but. Nous pouvons restreindre le droit de gouverner au rôle de simple pouvoir exécutif. Le régime constitutionnel, par exemple, repose sur l'autorité presque entière de deux chambres parallèles. L'une, il est vrai, reçoit l'élection du peuple, l'autre de la couronne. C'est une garantie contre la trop grande accumulation de pouvoir ; mais elle expose au dualisme. L'action de l'autorité peut subir un arrêt. L'obstacle cependant n'est pas insurmontable, un peu de sagesse permet de l'écarter, et je dirai plus loin comment la puissance retrouve toujours sa force nécessaire. Nous pouvons soumettre les pouvoirs à une réélection périodique : si la prépondérance est indispensable l'autorité peut changer de main. C'est une assez mauvaise condition, nous l'avons aperçu ; mais enfin il suffit qu'un changement trop répété ne vienne pas annihiler la puissance ou produire des troubles dangereux. Nous pouvons tout enfin, à la seule réserve de l'essence irréductible et du but; seuls ils enchaînent notre libre arbitre. Il ne nous serait donc pas permis de prescrire l'injustice, d'assigner au pouvoir des limites contraires à sa nature et qui viendraient l'infirmer. Nous devons établir des rouages coordonnés, se prêtant un mutuel appui, ne pas rendre le jeu des institutions impossible. Nous ne pouvons élever des obstacles qui ne permettraient plus à l'autorité d'atteindre à sa fin; mais, en dehors de cette règle, il nous est permis d'établir la monarchie sous toutes ses formes, la république sous des aspects divers. Il nous est loisible de mitiger la puissance autant que la raison nous l'indique. Il résulte cependant de l'unité essentielle du pouvoir certaines conséquences bonnes à noter avant même qu'elles n'obtiennent leur examen. Là où le transfert n'a rien divisé, le pouvoir transmis est entier; les délégations ultérieures incombent à la puissance publique. Je ne veux pas dire, bien entendu, qu'elle puisse vendre, céder, transporter à un autre ce qu'elle reçoit à titre personnel; mais l'élu peut répartir les pouvoirs comme il l'entend, en confier l'exercice à qui bon lui semble; le peuple ne retrouve ses anciens droits que par un accord commun.

En second lieu, la faculté de gouverner, bien que réduite, conserve le droit de législation et de contrainte dans les bornes de ce qui lui est départi, de ses prérogatives, de son domaine, de leur défense. Un pouvoir donc simplement exécutif a le droit de promulguer des ordonnances ou des décrets dans la limite de ce qui lui est attribué et de les étayer par la force.

La séparation enfin des pouvoirs a deux buts, je le répète : diminuer le fardeau pour lui permettre d'atteindre plus aisément le point d'arrivée, diviser le travail pour qu'il soit mieux accompli, affaiblir les inconvénients d'une puissance trop concentrée, parer à ses erreurs. Mais elle ne peut aboutir à paralyser l'action du pouvoir. Le contrepoids ne peut tendre à l'immobilité, neutraliser la puissance. La division ne peut la placer dans un état d'inertie qui permette de la dominer, de la reprendre au besoin. En pareil cas, la séparation deviendrait contraire à la nature, au but, devrait disparaître et l'unité reprendre son empire. Je reviendrai sur tous ces points lorsque j'examinerai les effets de la transmission, le droit et la défense des pouvoirs non subordonnés.

CHAPITRE X

DE QUELLE MANIÈRE LA PUISSANCE PUBLIQUE DOIT SE TRANSMETTRE.

Le mode de transfert est de droit humain. — Éléments des conventions. — Capacité des parties. — Objet. — Cause. — Assentiment volontaire exprès ou tacite. — Le consentement ne peut se produire avec utilité que lorsque le peuple détient la puissance publique.

Si la forme du pouvoir civil n'appartient plus au droit naturel, la transmission de ce pouvoir se rattache davantage encore à la règle humaine. Il s'agit d'un transfert de possession ; l'intelligence, le jugement suffisent à nous enseigner de quelle sorte un acte de cette nature doit s'accomplir, devient régulier, valable, efficace. C'est matière à règlement humain, l'action divine n'a pas besoin de se manifester, les lois naturelles et positives se taisent. Dieu n'intervient plus que pour communiquer sa force à notre décision conforme à la justice, pour l'affermir par le lien de la conscience, lui donner la vertu qui lui manquerait sans cela. Examinons donc à la lumière de la loi humaine, du règlement dicté par la raison, comment s'opère un transfert de droit, sans oublier que l'objet n'est pas une chose purement temporelle, mais le pouvoir civil divin ; sans méconnaître le caractère obligatoire d'une autorité sociale et de sa transmission.

Transmettre, c'est attribuer à un autre ce que l'on détient, c'est conférer, transporter, soit en tout, soit en partie, pour un temps déterminé, même indéfini, l'usage ou l'abus d'une possession ; ou bien encore la chose d'autrui, si l'on a mandat exprès pour le faire. Transmettre, communiquer un droit à une autre personne, suppose non seulement la libre disposition, mais l'accord de deux volontés qui s'unissent dans le même but, un pacte. Nous devons interroger le droit humain, il faut donc nous adresser à ses préceptes qui régissent les contrats. Ils nous permettront de reconnaître les principes qui dominent un transfert de droits, les règles qui doivent nous guider. Nous verrons plus tard si l'assimilation est complète, si les différences de cause, d'objet, de but ne doivent pas motiver certaines dissemblances ; pour le moment, nous nous bornons à faire ressortir les points communs.

Le droit humain assigne aux conventions quatre éléments essentiels; la capacité des parties, un objet certain, une cause licite, le consentement.

Il est nécessaire en effet que les personnes aient la puissance de contracter, l'une de transmettre, l'autre d'acquérir, de posséder.

L'objet ne peut être douteux, chacun ne peut faire porter son adhésion sur une chose différente.

Le pacte ne doit pas être contraire à la justice.

Enfin la convention doit être cimentée par la cause efficiente de tous les transports de droits, l'acquiescement. Ces conditions ne s'adressent pas seulement aux accords de volontés ayant une nature civile, elles s'appliquent par les mêmes motifs au transfert de la puissance publique et forment la règle comme en matière privée.

Le transfert du pouvoir social, le pacte de transmission exige donc la capacité des parties. Le peuple à tous égards est apte à communiquer : il tient de la sollicitude divine le pouvoir qui doit le garantir, en même temps l'obligation de le transmettre. Une collection d'hommes, un être moral peut enfin stipuler comme un individu. Il lui reste seulement à trouver la capacité de celui qui reçoit. Cette capacité doit s'entendre dans le sens juridique et non pas dans l'acception littérale du mot. Mais en outre, nous le verrons un peu plus loin, elle ne peut avoir d'autre juge que le peuple; le choix de la multitude vient la constater, l'affermir, la créer au besoin.

Un objet certain : la puissance publique se prête à cette règle; sa nature, ses limites peuvent se fixer avec précision. Mais, il y a lieu de le retenir en même temps : les parties n'ont plus la faculté de déterminer à elles seules l'objet du transfert. La nature, le but nécessaire du pouvoir civil sont définis par la Providence. Les contractants ne peuvent modifier, affaiblir ce qui leur est indispensable, en faire une chose autre qu'une autorité sociale capable de sauvegarder un peuple, de le conduire au bien. L'objet ne doit pas être uniquement certain aux yeux des parties; il doit garder sa nature propre, ses caractères essentiels.

Une cause licite : le salut, le bien d'un peuple forment une cause plus que licite, il en est peu d'aussi belles.

Le consentement : l'une des parties doit consentir à transmettre, l'autre à recevoir. L'acquiescement est en effet le moteur de tous les contrats, de tous les pactes, de tous les transferts de droits, de toutes les transmissions. Il est le concours de deux volontés qui se joignent dans le même but.

Le contrat s'effectue au moment où les deux volontés s'unissent, la translation s'opère à l'instant où elles se rencontrent. La règle du droit français, à la différence du droit romain, est que le traité obtient sa force entière par la seule adhésion. Le consentement est donc le principe générateur des pactes, le véhicule des transferts; il devient, à ce titre, la base fondamentale du transport de la suprématie. Il est d'autres causes de pouvoir, je les dirai à l'heure voulue; je ne m'attache en ce moment qu'à la transmission initiale de l'autorité civile. Le délaissement, le transfert de la puissance publique par l'une des parties, son acceptation par l'autre nécessitent le concours des deux volontés. La rencontre de ces deux volontés translate comme dans les contrats; la transmission du pouvoir civil s'opère par le libre assentiment. Telle n'est pas seulement l'opinion des légistes, telle est encore la doctrine des théologiens. Suarez, en qui se résume toute l'école moderne, au dire de Bossuet, Bellarmin, saint Alphonse de Liguori, Bossuet, Fénelon, d'autres encore l'établissent ou le reconnaissent : le pouvoir initial s'obtient par l'assentiment volontaire du peuple. La même raison qui préside aux règles du droit humain nous l'indique en effet : le consentement est la seule cause efficiente possible d'un transfert de puissance publique.

« Le droit civil nous l'enseigne en second lieu. L'adhésion n'est soumise à aucune forme spéciale. Le consentement doit être réel, mais il n'est pas nécessaire qu'il soit exprès et concomitant, il peut être implicite, il peut être ultérieur tant que l'offre n'a pas été retirée. »

Le droit le plus rigoureux l'admet :

« L'exécution par les parties constitue un assentiment tacite valable.

« Il en est de même lorsque l'une des parties, mise en demeure de se prononcer dans un certain délai, laisse expirer ce délai sans répondre[1]. »

L'adhésion tacite est donc un consentement; elle a la puissance de former un pacte, elle peut être ultérieure tant que l'offre se maintient. Je ne saurais trop insister sur sa formule et sa vertu; elle est en effet la source efficace de tous les pouvoirs anciens, la seule dont l'usage s'adapte aux sociétés primitives. Le droit humain, notre guide de l'heure actuelle, nous l'atteste : le consentement implicite, tel qu'il le définit, est un assentiment valable; la société peut transmettre la puissance publique par une adhésion tacite. Il en résulte que, lorsque l'un commande et l'autre obéit, l'acquiescement n'est pas douteux.

1. Demolombe, *Traité des contrats*.

Lorsque le peuple mis à même de décliner une autorité se tait, le consentement existe. Voilà donc, en ce qui touche le pouvoir civil, les deux termes de l'assentiment implicite : l'obéissance, dont le contraire est la révolte ; le mutisme, dont l'opposé est la protestation. En dehors de la résistance par les actes, au moins par la parole le consentement subsiste, devient efficace, transfère l'autorité.

L'adhésion expresse ou non formulée peut se produire utilement, obtenir tous ses effets tant que l'offre persiste. Elle peut donc valider un transfert insuffisant, couvrir l'usurpation première, transformer la conquête injuste, pourvu qu'il n'existe pas de pouvoir légitime dépossédé. En dehors de cette réserve, elle transfère lorsqu'elle survient. J'ai entendu poser cette question peu réfléchie : Au bout de quel temps un pouvoir devient-il légitime ? Ce n'est pas affaire de temps, d'heures, de prescription ; un pouvoir devient légitime lorsqu'il obtient l'assentiment du peuple. Mais il est nécessaire encore une fois que cet assentiment se produise avec justice, avec utilité, que le peuple garde le pouvoir, ne soit pas dessaisi.

Alors même que le droit humain ne nous enseignerait pas la force du consentement tacite, la transmission du pouvoir civil viendrait nous la révéler. Au début d'une société, la manifestation générale et libre de tout un peuple, le consentement exprès ne peut se produire : la difficulté de réunir la multitude, d'assembler les suffrages lui oppose un obstacle insurmontable. Si l'on interroge l'histoire, il est impossible de le rencontrer dans l'établissement d'un pouvoir initial. Tous les pouvoirs ont pris naissance par l'acquiescement des chefs militaires, l'acclamation d'une armée, d'une foule peut-être, en définitive d'un groupe restreint. Le peuple entier ne pouvait être consulté; la transmission appelait donc un complément rigoureux, l'adhésion ultérieure des éloignés. Ce consentement ne pouvait revêtir que la forme tacite; la nation n'était plus interrogée. Fallait-il pour cela méconnaître un pouvoir indispensable, auquel la multitude venait apporter successivement le tribut de son obéissance? C'eût été contraire à toute raison, à l'intérêt le plus vital de la société. Les peuples donc avant les légistes ont reconnu la force de l'assentiment tacite ultérieur; jusqu'à ces derniers temps, il a formé la base exclusive des transmissions de pouvoir. Depuis, le progrès a permis de recourir au consentement explicite, au vote individuel. Malheureusement, en France, il s'est produit en ce qui concerne le pouvoir suprême, à l'heure où la société n'avait rien à transmettre, ne pouvait investir, et n'a pu former que des usurpations.

Mais on le dira peut-être : Cet acquiescement tacite, ultérieur, n'est pas libre, est entaché de lassitude, de pression, peut-être de violence ; l'assentiment exprès, sollicité par les ambitieux, a-t-il plus d'indépendance, est-il plus dégagé de toute contrainte, échappe-t-il davantage à ces causes de faiblesse ? Je ne saurais l'affirmer.

Mais enfin, puisque le droit civil est notre guide, il faut interroger ses règles, examiner dans quelle limite ces vices peuvent atteindre un contrat, par suite le pacte de transmission. Cette étude trouvera sa place dans l'aperçu des différences qui existent entre le pacte de transfert du pouvoir et les conventions ordinaires. Je la retarde d'un instant, pour lui garder son ordre naturel.

CHAPITRE XI

LE PACTE DE TRANSMISSION DE LA PUISSANCE PUBLIQUE DIFFÈRE A CERTAINS ÉGARDS DES CONTRATS CIVILS

Différences du pacte de transfert avec les contrats civils, résultant : 1° De la qualité des parties : Capacité de l'élu. — Nullité, annulation. — 2° De la nature de l'objet. — La nature et le but sont irréductibles, toute clause venant les atteindre serait nulle de plein droit. — Conséquences : L'impôt, la loi. — Division du pouvoir législatif. — Conflit, peut être prévu par la constitution. — Lorsqu'il n'est pas prévu. — Solutions. — Abandon tacite. — Résolution du contrat. — Nouveau transfert ou cohésion de l'autorité. — Refus d'accomplir relatif, possibilité d'y suppléer. — Périodicité du budget. — 3° De la cause : L'exécution, pour constituer un assentiment tacite, doit se compléter par le défaut de protestation. — Effet collectif. — Le consentement ultérieur ratifie les actes antérieurs conformes à la fin du pouvoir civil.

Le pacte de transfert du pouvoir social, les contrats civils ont des points communs, des règles identiques, je viens de les énoncer. Mais il existe entre eux des divergences marquées; je dois en souligner quelques-unes et noter leurs corollaires. Ces accords de volonté diffèrent profondément par la situation des parties, par leur objet, par leur cause.

L'un intéresse une société qui détient la puissance, les autres opèrent entre individus, ou du moins entre associations restreintes, soumis à des règles déterminées.

L'un transfère la forme humaine d'un attribut divin, l'autorité, communique une nature dont les éléments essentiels sont fixés par Dieu lui-même, échappent dans cette limite à l'arbitre des parties. Les autres transmettent une chose humaine, d'un usage flexible, un avantage particulier.

Les contrats civils sont libres, facultatifs, s'adressent à un intérêt temporel qu'on peut délaisser à la rigueur. Le pacte de transfert communique, avec obligation de le faire, une puissance indispensable à une société nécessaire elle-même. Les règles, les conséquences ne peuvent être semblables.

L'enchaînement des pensées m'a déjà conduit à relater l'une des oppositions qui tiennent à la nature des parties. Au-dessus du peuple qui transmet, de celui ou de ceux qu'il investit de la puissance, il n'y a plus d'autre autorité que celle de Dieu; le pacte de transfert, ses causes, sa rectitude, sa force ne peuvent trouver de juridiction humaine. Il en résulte que la nation a seule titre pour apprécier, reconnaître la capacité de celui qu'elle désigne; son choix vient l'établir. Au moment de la transmission, elle possède encore la puissance publique intégrale, le pouvoir judiciaire comme les autres, elle a qualité pour affirmer que son élu est apte à recueillir, à posséder.

Cette faculté n'est pas constante, est-il besoin de le dire? Lorsque le peuple a transmis la puissance et que le pouvoir législatif a déterminé certains motifs d'exclusion, le choix de la multitude ne pourrait les infirmer. A fortiori un groupe restreint, une élection locale, ne pourraient établir la capacité d'un sujet légalement indigne, porter atteinte au pouvoir, à sa loi. Mais au début, si le peuple se trompe ou se laisse tromper, il ne peut invoquer son erreur. Il a déclaré que le candidat était capable d'acquérir la puissance, il a prononcé, son arrêt ne peut être détruit. Il n'y a donc pas d'erreur possible sur la personne.

Si la société est tenue de respecter son décret, elle peut échapper à ses conséquences périlleuses. La loi naturelle lui apporte le droit de vie, de garde, de défense; elle peut se soustraire au danger que viendrait lui faire courir l'incapacité de son élu.

En second lieu, la nullité, l'annulation ne peuvent être sujettes aux mêmes règles, avoir la même issue. J'aborde ici la question remise à la fin du chapitre précédent. Demandons avant tout au droit civil de nous les définir.

« Lorsque l'acquiescement, nous dit-il, n'a pas été donné, le contrat est nul de plein droit, n'existe pas. Lorsque le consentement est entaché d'un vice quelconque, erreur, dol, violence, etc., le contrat existe, mais il est annulable. L'annulation doit être demandée et obtenue. »

Ce précepte est infiniment sage : le consentement est donné, a fait son office; il est nécessaire qu'un juge vienne établir dans quelle mesure l'acte coupable a fait dévier, a pu fausser la volonté. La lassitude n'est pas mentionnée; elle n'infirme donc pas le consentement. La pression, la violence trouvent cette force; mais il est indispensable qu'une autorité prononce à leur égard. Les contrats civils ont un juge, un juge obligatoire; le transfert du pouvoir n'en a pas. Les sociétés, je l'ai déjà dit, échappent à toute juridiction temporelle, ne rencontrent pas de pouvoir humain qui puisse mettre hors de conteste une nullité relative, ou de plein droit. Le peuple est partie, ne peut être juge, c'est un principe admis par tous. Il ne peut reprendre seul ce qu'il a transmis, il n'est plus le supérieur absolu de son donataire.

La nullité radicale cependant, efficace par elle-même, doit garder tous ses effets. L'absence d'un juge ne peut valider, créer une convention qui n'existe pas, et d'ailleurs il n'y a pas matière à appréciation délicate, impartiale, désintéressée; la multitude seule peut savoir jusqu'à quel point elle a consenti. Le pacte n'a jamais été formé; il n'est pas besoin d'anéantir ce qui n'a pas reçu l'être. Le manque de juge pour la reconnaître, de force pour imposer la décision, ne peut donc atteindre la nullité de plein droit. Lorsque le peuple n'a pas donné son assentiment, la puissance lui reste; l'usurpation de son pouvoir ouvre pour lui le droit de se défendre, et le droit de guerre ne ressort que de l'arbitre personnel, du cri de la conscience. La société ne peut rencontrer d'autre justice que la sienne, d'autre appui que le sien, mais elle trouve le droit de résister dans la limite de l'atteinte, du péril, dans la mesure du devoir. La nullité rigide, absolue ouvre en entier pour elle le droit de s'opposer à l'usurpation. La loi naturelle accorde, en effet, aux peuples comme aux particuliers la faculté d'assurer leur existence, de garantir leurs droits imprescriptibles, de les défendre de l'agression injuste, fût-ce par les armes. La défense appartient à l'être menacé; bien que partie il devient arbitre, prononce, exécute, se protège. Mais il est nécessaire qu'il ait le courage d'affirmer son titre, de l'étayer par les moyens virils qui lui sont offerts. L'action personnelle s'adapte seule à la nature supérieure d'un peuple; il lui siérait mal d'invoquer la justice d'un autre. La société d'ordre divin ne peut dépendre d'un arrêt de juge, d'une chicane de procureur.

La nullité relative est moins efficace, ne peut obtenir la même vertu. Le consentement a été donné, a rempli son office; un autre détient la puissance, avec ou sans droit, c'est le point à débattre; mais jusqu'à solution le peuple ne doit plus en user. Il se trouve donc placé entre une décision qu'il ne peut obtenir, et l'impuissance d'y suppléer. Un arbitrage serait possible; mais l'arbitrage suppose le consentement des deux parties, de celle qui est accusée de dol ou de violence, il est difficile de le présumer. Les motifs d'annulation peuvent donc trouver d'une façon douteuse un arbitre, mais non un juge, et faute de ce juge ils ne peuvent s'appliquer au transfert du pouvoir. Cette conclusion me paraît s'imposer. Il ne s'agit pas d'un intérêt qui puisse rester en suspens; il est nécessaire qu'une autorité subsiste, fonctionne, gouverne. Chacune des parties ne peut rester sous sa tente; il faut qu'elles s'accordent, se réunissent. Le seul accord possible est de s'arrêter à cette conséquence : l'annulation supposant un juge, là où il n'y a pas de juge naturel, il ne peut y avoir d'annulation. Il en est d'autres motifs.

Si l'annulation ne rencontre pas de juge, elle manque plus encore de force pour s'imposer. Le peuple, dira-t-on, viendra la faire prévaloir. Mais si le peuple est obligé de résister, doit employer la force, il ne peut le faire qu'en vertu de la loi naturelle qui fixe et limite le droit de se défendre. Le droit de résistance ne peut s'appliquer qu'au fait actuel, à la menace directe, au péril immédiat. L'acte antérieur lui échappe; ce ne serait plus la défense, ce serait la juridiction, le châtiment. Les motifs d'annulation sont antérieurs, n'exposent pas la société d'une façon pressante, certaine, peuvent ne pas se reproduire. Celui qui les a fait naître est suspect, mais la suspicion n'est pas l'attaque présente; le danger, n'ouvre pas le droit qui s'attache au péril, à l'usurpation, à l'injustice actuelle. Le droit de défense ne peut donc s'adapter aux causes passées qui permettent d'infirmer un contrat. Il faut en conclure que lorsqu'il existe, lorsqu'on peut l'utiliser, il vise un fait actuel, écarte toute pensée d'annulation. L'annulation, sa base antérieure, s'effacent, disparaissent, et ce motif nous indique, à son tour, comment elle ne se joint pas au pacte de transfert.

Ce qui frappe avant tout dans l'étude de ces questions, c'est la sagesse des principes, l'enchaînement utile, je dirai même prudent des conséquences.

La nullité absolue ne peut être couverte; elle aboutit à sa conclusion.

La nullité secondaire serait excessive dans ses résultats, dangereuse pour les nations, contraire à la stabilité des pouvoirs, viendrait les infirmer sans urgence absolue, pourrait devenir un prétexte à changement; elle n'existe pas. L'annulation possible atteindrait sans utilité le pacte entier. Dans les transports de puissance héréditaire, elle briserait le droit des descendants, contre toute justice, peut-être, au moins sans profit pour l'intérêt social. C'est à ce titre, je dois le dire, qu'elle a retenu mon attention plus longuement, peut-être, qu'elle ne semble le comporter. Le plus atteint serait le peuple : c'est à lui que l'instabilité du pouvoir apporte le plus grand dommage. Il peut être bon d'annuler un contrat civil, l'oubli du devoir peut y trouver une sanction utile, le transfert de l'autorité se prête mal à cette peine, elle frapperait l'innocent plus encore que le coupable.

Les nations ne peuvent invoquer l'appui nécessaire à la faiblesse individuelle.

La faute antérieure du pouvoir peut enfin ne

pas se perpétuer, aboutir même à l'avantage de tous.

Si donc la qualité des parties, l'existence de l'adhésion, du pacte, l'impossibité pour les peuples de faire appel soit à leur pouvoir, soit à celui d'un autre pour le rompre, viennent nous l'attester : le transfert du pouvoir échappe à l'annulation; il faut y reconnaître une admirable prévoyance.

Les sociétés doivent cependant trouver une protection, ne pas rester soumises à l'abus de la force, à la violence, au dommage grave. Le danger peut se présenter, le coupable peut suivre au pouvoir les errements employés pour l'obtenir; alors surgit le droit de défense. S'il est impossible d'invoquer la nullité relative, ses motifs graves, lorsqu'ils se perpétuent, n'échappent pas à toute sanction. L'atteinte ultérieure, la violence permettent aux sociétés d'éloigner le péril. Le moyen se trouve alors nettement indiqué, se proportionne au but. La résistance ne compromet pas inutilement la sécurité d'un peuple, comme le ferait l'annulation trop facile; la défense ne le jette pas sans absolue nécessité dans une aventure douteuse. C'est la ressource extrême, attardée par la prudence, offerte à son heure, au moment où, devenue indispensable, elle ne peut plus être que salutaire.

Dieu cependant, qui n'abandonne jamais sa créature, ne l'a pas limitée à ce seul droit rigoureux. Si les peuples ne trouvent pas de juridiction humaine, les sociétés catholiques peuvent rencontrer dans l'ordre spirituel un pouvoir capable de leur épargner quelquefois l'usage de la force. Ce pouvoir, dont je mentionnerai plus loin les prérogatives, est celui de l'Eglise. Elle commande aux consciences, a qualité pour fixer les obligations morales, par suite pour établir les droits qui en résultent.

Sa décision ne peut créer le droit de défense lorsqu'il n'existe pas; mais elle peut affirmer qu'il est ouvert, qu'il est licite d'en faire emploi; elle peut y suppléer. Ce pouvoir ne s'impose jamais dans les questions temporelles, et l'on a peu souvent recours à lui. Juge en droit, il se contente en fait du rôle d'arbitre; son autorité reste à l'état spéculatif, commande l'obéissance sans invoquer la juridiction. Il tient son autorité de Dieu et non des hommes, mais elle n'en existe pas moins, et je ne devais pas la laisser en oubli.

Les différences de l'objet motivent à leur tour certaines déductions.

Les contrats civils doivent avoir un objet certain, nettement désigné, sur lequel puissent porter sans erreur les deux consentements.

Mais la volonté de celui qui transmet peut le déterminer, l'agrandir ou le faire décroître; plus tard, le nouveau possesseur a la faculté de le plier à des usages divers, de l'utiliser sans règle, de le soumettre à son caprice. L'objet de la transmission, au contraire, bien que réductible dans une certaine limite, partageable, garde une nature essentielle qu'on ne peut restreindre, un but assigné, fixe, libre de toute entrave. Il doit rester, quoi qu'il arrive, le droit de commander, selon la justice, pour le bien et la préservation de tous. Sa nécessité, sa cause deviennent parties intégrantes de sa nature, se confondent avec elle. Le peuple doit donc transmettre un objet rendu certain non seulement par lui, mais encore par le décret de la Providence, un pouvoir capable d'ordonner et d'être obéi, de conserver, d'atteindre à la durée, de conduire au bien. Il lui est permis d'en varier la forme humaine, de réduire l'étendue, d'assigner un terme; il ne serait pas loisible de fixer des conditions, de l'entourer de réserves, de lui créer des obstacles qui viendraient arrêter sa marche, affaiblir sa force nécessaires, l'empêcher d'atteindre à sa fin.

Il est permis de transmettre la puissance dans des mesures diverses; il ne serait pas possible de la mélanger d'éléments hétérogènes qui viendraient en faire une chose autre, la transformer en objet inerte ou délétère, en sel neutre ou bien en poison. Ainsi donc, en premier lieu, les qualités essentielles du pouvoir civil sont immuables, il n'y a pas d'erreur possible sur la substance. La transmission ne peut s'appliquer qu'à la puissance formée par Dieu pour la garde des sociétés, le consentement ne peut s'attacher qu'à l'autorité capable d'arriver au terme. Tout ce qui tendrait à en faire un objet autre, incertain, douteux, inefficace, ne peut entrer dans une transmission de pouvoir social; la volonté humaine est impuissante à l'y introduire. Le droit civil, bien que s'adressant à des intérêts moindres, à des conventions facultatives, nous offre une règle applicable en pareille circonstance. Il protège, assure la fermeté des contrats, répute non écrites les conditions impossibles ou contraires à la morale. L'urgence, la stabilité nécessaire du pacte de transfert motivent bien plus encore une règle analogue. Il est impossible de porter atteinte à l'essence, à la fin du pouvoir; ce serait contraire à la loi divine, qui est la loi morale. Toute condition parvenant à le faire doit donc avoir l'issue des clauses de ce genre en matière de contrats, disparaître *ipso facto*.

La fixité naturelle de l'objet, le but invariable doivent rester hors d'atteinte; ce principe emporte certaines conséquences.

Le gouvernement d'un peuple exige des subsides. Le pouvoir appelle une dotation, les fonctionnaires doivent obtenir le prix de leur labeur, il faut pourvoir à l'armement, à l'entretien de la force publique. Les travaux qui intéressent la société toute entière doivent être réunis pour leur exécution, les dépenses qu'ils comportent acquittées par tous.

Chacun doit contribuer aux charges dans la mesure voulue. La puissance publique a qualité pour établir le chiffre de l'impôt, fixer la part de chacun, la percevoir et l'appliquer aux frais communs. Le peuple, en transmettant la puissance, peut-il retenir seulement le vote et l'emploi des ressources, l'attribuer à des délégués particuliers? Je ne le pense pas. L'impôt ne peut être exigible qu'en vertu d'une loi; il appartient donc nécessairement au pouvoir législatif. Lui seul a titre pour formuler la quotité, l'usage qui est la base de la fixation. Il n'y a pas de moyen terme possible : les délégués ne sauraient former un budget, le pouvoir lui donner la force légale. Ce peut être le rôle d'une puissance exécutive, on ne pourrait limiter ainsi les attributions d'un pouvoir législatif. Ce serait porter atteinte à sa nature; le droit de faire des lois n'a rien de commun avec l'obligation de sanctionner, de promulguer celles des autres. La loi pourrait elle-même perdre sa force entière. Le pouvoir législatif en effet viendrait former une règle, le pouvoir financier aurait la faculté de lui refuser la ressource nécessaire, de la rendre impuissante, stérile; l'autorité disparaîtrait.

L'impossibilité de modifier les qualités essentielles de l'objet nous l'indique : il n'est pas possible de transmettre le pouvoir en pareils termes, une condition de cette nature doit avoir le sort des conditions impossibles. Les usages des peuples sont conformes à ce précepte, le nom d'un quatrième pouvoir financier n'existe même pas. Si la nation a divisé l'exercice de la puissance, l'impôt, le budget suivent la loi, je n'ai pas à le répéter.

Mais, je le suppose, profitant de sa latitude, le peuple a non seulement disjoint, désuni les pouvoirs, il a subdivisé la puissance législative. La loi nécessite le concours de deux volontés, de deux chambres; ce peut être un contrôle utile, c'est une prudence licite. Si les volontés s'accordent, la loi existe; lorsqu'elles se séparent, la loi n'est pas; il est à présumer qu'elle était inutile ou dangereuse. Il est permis de scinder ainsi le pouvoir législatif. Par contre, il serait impossible de le diviser en pouvoirs parallèles, indépendants, ayant la faculté de légiférer en sens inverse sur un même point, de formuler des règles opposées, l'une ordonnant de faire, l'autre de s'abstenir. Il y aurait opposition, antinomie; ce serait l'incertitude, le choc, le contraire de l'autorité. Une clause de cette nature ne pourrait entrer dans le pacte de transfert ou devrait en disparaître. Mais un pouvoir exigeant l'union de volontés égales convergeant vers un même but, peut aboutir lui-même au partage injuste, à l'impuissance, alors que son action serait indispensable.

Faut-il en conclure que cette division s'oppose à l'efficacité du pouvoir, est incompatible avec le principe? Pour mieux répondre à cette question, il est utile d'abandonner les termes spéculatifs, d'entrer dans la réalité, d'appeler les choses de leur nom; les éléments deviendront plus intelligibles, les résultats apparaîtront plus clairement. Le pouvoir législatif se divise donc entre deux chambres : le pouvoir exécutif reçoit ou n'obtient pas le droit de *veto*, peu importe; c'est dans tous les cas un droit négatif. Ce chiffre de deux assemblées peut amener un partage.

Un troisième pouvoir viendrait faire pencher la balance, mais ce serait un rouage trop compliqué; au lieu d'aider à la marche, il viendrait l'alourdir. Si la pensée en a jamais été conçue, elle ne paraît pas admise. Elle implique en outre un ordre d'idées dans lequel on semble ne pas vouloir entrer, donner la force efficiente à la majorité des corps législatifs et non plus à leur unanimité. Dans une chambre, la majorité fait loi; je ne sais trop pour quel motif il n'en serait pas de même entre pouvoirs égaux. On présume sans doute la sagesse, la raison, la droiture des délégués, qu'ils tiennent leur pouvoir du peuple d'une façon immédiate ou moins proche. Il paraît impossible qu'ils ne s'accordent pas dans le véritable intérêt de la société; le partage doit donc signifier le doute réel, conduire à l'abstention. C'est le résultat normal lorsque le projet de loi peut être en effet surabondant ou périlleux. Cependant la nature humaine est sujette à l'erreur, à l'orgueil, à la passion : une loi juste, indispensable au bien, au salut de tous, peut se trouver écartée. S'il n'est pas possible d'y suppléer, la division du pouvoir législatif telle qu'on la pratique habituellement, ce qui semble annoncer un effet de l'expérience, est incompatible avec la nature de l'autorité. Je ne pense pas qu'il en soit ainsi; le mécanisme est bon, la machine bien établie, on a négligé seulement d'y introduire assez de combustible pour forcer la marche au besoin, pour écarter certains obstacles. Les constitutions peuvent trouver de nombreux moyens de réparer cet oubli, de combler cette lacune, les approprier aux formes diverses du pouvoir. Pour ma part, je me contenterai d'en indiquer un seul, qui me paraît simple, naturel. C'est en France, où nous n'avons au sommet qu'un pouvoir exécutif, de confier à des corps inamovibles le soin de départager les deux chambres. La Cour de cassation pour les lois ordinaires, la Cour des comptes pour les lois de finances ou de travaux me paraissent offrir toutes les garanties désirables. Cette confusion rare et momentanée des pouvoirs législatifs et judiciaires ne me semble pas présenter des inconvénients comparables aux avantages. Une ressource analogue ne pourrait s'appliquer au droit unipersonnel de *veto*, mais il rencontre un frein bien énergique, la prévarication et ses conséquences : elles suffisent à le maintenir dans de justes limites. La loi, l'impôt peuvent donc en principe subir deux épreuves, passer par deux filières avant de revêtir leur forme définitive.

A l'heure actuelle, les constitutions n'ont pas voulu prévoir le partage injuste, ne lui ont pas apporté de dénouement; est-il possible d'y remédier? Je n'hésite pas à le croire, mais les solutions doivent varier suivant l'occurrence. Le désaccord peut porter sur une loi, sur un impôt d'une nécessité absolue ou relative; l'obstacle peut être infranchissable ou possible à surmonter. Ces diverses conjonctures doivent aboutir à des résultats différents, bien que d'une façon générale elles se réunissent dans la même formule : la loi, l'impôt nécessaires. L'autorité doit ordonner, conduire; le pouvoir civil doit commander, légiférer pour le bien et la conservation de tous. Si l'un des pouvoirs législatifs veut échapper à cette obligation, se dérober sans justice, il ne déserte pas seulement son devoir, je n'hésite pas à le dire : il abandonne son droit. La puissance publique est indispensable aux sociétés; elle ne peut cesser d'être, de gouverner, de conserver. Le détenteur du pouvoir qui se récuse doit obtenir un successeur; ainsi l'exigent l'urgence d'un pouvoir social, les conditions immuables du pacte de transfert; ainsi nous l'indiquent les règles du droit humain. Je n'envisage pas seulement le refus catégorique d'accomplir, de légiférer, mais plus encore le rejet arbitraire ou coupable de la loi, de l'impôt. Le peuple n'a pu transmettre qu'une nature certaine, l'autorité, une force invincible; on veut en faire une chose autre, une faiblesse, une inertie. Elle a communiqué le pouvoir de la conservation, du bien, une prérogative salutaire; on en fait la puissance du mal, un objet malsain. L'élu récuse donc ce qui lui avait été transmis pour revendiquer ce qu'il n'a pas reçu, ce qu'il ne peut obtenir. Ce qui lui avait été remis doit exister d'une manière indispensable. Si le bénéficiaire rejette l'autorité, elle doit retourner au peuple. Lorsque le pouvoir est vacant d'une façon légitime, c'est-à-dire sans le fait coupable de la nation, elle le rencontre ou le retrouve en vertu de sa nécessité dans la loi naturelle. Il doit en être ainsi lorsque le possesseur qu'elle a formé décline son obligation ou veut l'intervertir. En fait, le véritable pouvoir civil disparaît, cesse d'exister ; le peuple ne trouve plus devant lui la puissance qui lui est indispensable, il doit la redemander à la loi naturelle. Si la nécessité est urgente, si le péril existe, il peut s'adresser tout d'abord au droit de défense. Mais la faculté de résister exige des conditions difficiles à réunir, n'offre pas seulement des avantages. Il peut se faire en outre que la société néglige de se préserver, devienne même complice de l'égarement. Il importe donc de rencontrer une solution plus facile, moins dangereuse qui puisse dans tous les cas suppléer à l'indifférence, à l'aberration du peuple. Il importe que la vacance du pouvoir se produise, s'affirme hors du droit de résister, que l'autorité retrouve sa force intégrale sans qu'il soit nécessaire de recourir à la transmission. L'exemple, l'enseignement de la loi humaine nous permettent d'assurer que la vacance existe.

Le pouvoir accepté comporte une obligation de faire. L'obligation de faire ne peut s'imposer par la contrainte, se soustrait à la force, réclame impérieusement l'exercice de la volonté, de la raison, deux choses qu'on ne peut mettre en mouvement contre leur gré. En matière civile, l'oubli du devoir assumé se résout par une question de dommages-intérêts, le pacte se dénoue par une compensation matérielle. Le refus d'accomplir aboutit à la rupture du contrat, sauf un dédommagement. L'obligé se trouve affranchi de sa charge, le cédant rentre en possession de son droit. A plus forte raison doit-il en être ainsi lorsque l'engagement porte sur un acte nécessaire à l'existence d'une société. Le contrat doit se résoudre, l'obligation doit passer à un autre. Il ne s'agit pas d'un intérêt qu'on puisse délaisser; il faut que le pouvoir soit tenu, conduise, gouverne, et celui qui le possède légitimement a seul titre pour l'exercer. Une indemnité serait oiseuse; une peine seule viendrait atteindre utilement le réfractaire, mais elle échappe à la nation, et du reste aucune d'elles n'importe au salut du peuple. Ce qui lui est indispensable, c'est que la puissance publique existe, qu'un pouvoir défaillant ou criminel soit remplacé. Le véritable terme du refus d'accomplir, d'exercer l'autorité sociale est donc la rupture du pacte de transfert. Cette conclusion s'impose avec tant de rigueur qu'on pourrait l'affirmer sans hardiesse; en présence de la nécessité du pouvoir civil, le contrat d'investiture se résout de plein droit, lorsque l'obligé refuse de faire ou veut sortir des clauses essentielles. Mais il n'est pas indispensable de recourir à cette seule conséquence, toute légitime qu'elle soit; la loi humaine vient encore à notre aide, nous fournit une indication plus précise. Son enseignement est profitable, commandé si l'on entre sur son domaine et lorsqu'elle conforme sa règle aux préceptes de la justice éternelle. Elle nous l'apprend donc : il est permis de renoncer à un droit.

« La renonciation est un acte par lequel une personne abdique, abandonne un droit qui lui appartient.

« En général elle doit être acceptée par ceux qu'elle intéresse; les contrats ne peuvent être unilatéralement dissous par la volonté d'une seule des parties.

« L'acceptation est nécessaire dans un contrat synallagmatique, c'est-à-dire portant obligation réciproque.

« Elle n'est assujettie pour sa validité entre les parties à aucune forme extérieure; elle peut même avoir lieu tacitement, si ce n'est dans les cas exceptionnels où la loi exige qu'elle soit manifestée d'une manière expresse[1]. »

1. Aubry et Rau, *Cours de code civil*, tome IV.

Ainsi donc on peut abandonner un droit, le délaisser. La renonciation peut être expresse ou tacite. Si le contrat est bilatéral, et le pacte de transfert de la puissance publique est de ce nombre, la renonciation doit être acceptée par l'autre partie. Mais l'obligation du détenteur de l'autorité est une obligation de faire. Or, nous l'avons dit : le devoir d'accomplir ne trouve qu'une sanction, un dédommagement. On peut donc le repousser, le rejeter sous la seule réserve d'une compensation matérielle, d'une peine, si la juridiction le comporte, c'est l'unique lien qu'elle ne puisse rompre.

La renonciation peut être expresse ou tacite, comme l'acquiescement. Un avantage, une faculté qu'on néglige avec persévérance peut se perdre; le délaissement se présume, l'abdication s'impose en vertu de l'intérêt général. L'oubli d'un droit essentiel dont l'usage importe à un autre, d'exercer une puissance nécessaire aux sociétés doit motiver, bien plus encore, établir une renonciation tacite. Le résultat qui s'applique à la négligence, à l'omission, doit s'attacher plus impérieusement au déni volontaire. Le refus d'accomplir un devoir strict emporte la renonciation au droit corrélatif; c'est une conséquence forcée. Celui qui, possédant seul le droit et l'obligation d'assurer l'existence d'un peuple, décline le devoir, récuse en même temps le droit, l'abandonne, y renonce d'une manière formelle. Le refus gratuit d'exercer le pouvoir civil, après l'avoir accepté, constitue donc une renonciation véritable, efficace par elle-même.

Le refus d'accomplir dans les conditions urgentes du transfert, dans les termes infranchissables du but, ne se distingue pas du refus pur et simple. Il arrive au même point, le déni, doit avoir la même conséquence : l'abandon ; je ne les ai donc pas séparés. Il ajoute seulement une prétention gratuite, irréalisable, la volonté d'avoir ce qu'on n'a pas recueilli, la puissance de nuire. L'élu du peuple reçoit un pouvoir déterminé, dont la fin est invariable, la conservation, le bien ; il veut l'employer en sens contraire, aboutir au mal, à la perte. Il rejette donc le droit qu'il possède, l'obligation qu'il a contractée, pour s'attribuer ce qu'il ne peut retenir. Il délaisse, abandonne son titre véritable, sans obtenir ce qu'il lui est impossible d'avoir. En résumé, le détenteur du pouvoir qui se récuse, celui qui l'ayant reçu pour le bien veut le rendre nuisible, viennent se heurter à la nature implacable de l'autorité, aux conditions absolues du transfert, au droit pour les peuples de vivre, renoncent à la puissance, l'abdiquent. Le terme véritable du refus injuste de faire ou de la volonté de mal faire est l'abandon de la faculté, la renonciation au droit, la rupture du contrat.

Le pouvoir nécessaire, dans ses conditions immuables, s'échappe des mains qui le repoussent ou veulent le pervertir. Sa force invincible ne peut subir d'atteinte; un autre doit la mettre en mouvement. Cet abandon volontaire, que je me suis efforcé d'établir, ne forme pas double emploi avec le droit de défense du peuple, il vient au contraire parer à sa lacune.

Lorsque la puissance publique est légitimement vacante, le peuple, nous l'avons dit, la retrouve en vertu de la loi naturelle et la transmet de nouveau. Mais, je le suppose, le peuple devient lui-même complice de l'égarement, approuve la faute, néglige sa défense, délaisse le pouvoir qui lui fait retour, ou le transmet dans des conditions analogues. Une fraction du pouvoir législatif subsisterait donc en apparence hors des termes incommutables de l'autorité sociale. Elle ne pourrait obtenir une puissance active, commander; mais la partie saine se trouverait frappée d'impuissance, le pouvoir se paralyserait entre ses mains. Il ne peut en être ainsi : la puissance publique ne peut rester sans action; l'incertitude, l'inertie, le nihilisme sont contraires à sa nature; il faut qu'elle ordonne, qu'elle dirige; l'autorité doit rencontrer une issue. Je viens d'indiquer les premiers termes de la solution. Le peuple n'a pu transmettre qu'une autorité salutaire, efficace, la puissance du bien. Le pouvoir qui veut abandonner sa force, se rendre funeste, pervertir ce qu'il a reçu, renonce à son droit, abdique. La puissance délaissée retourne au peuple. Mais si le peuple ne la transmet pas utilement, dans ses conditions indispensables, si l'élu garde la volonté du mal, cette puissance devient une seconde fois vacante.

L'autorité ne peut rester en cet état, s'annihiler, perdre le privilège efficace que Dieu lui a remis.

Cette portion d'autorité flottante, pour ainsi dire, se réunit donc en vertu de son unité d'essence, de sa cohésion naturelle, de sa force invincible, à la partie d'autorité régulière, vivante, fidèle au devoir; il lui appartient d'établir à elle seule la loi, l'impôt.

La puissance publique, nous l'avons dit, est une par sa nature. Elle possède des prérogatives diverses qui peuvent se diviser pour obtenir un exercice possible, efficace; mais le droit de commander, l'expression du commandement, le droit de contraindre ne sont que les manifestations d'une seule et même chose, l'autorité. La séparation peut rendre la tâche plus facile, elle ne peut porter atteinte à l'essence. Lors donc que par le fait d'une fraction du pouvoir et du peuple le partage du droit vient infirmer l'autorité, la division forme une clause impossible, doit disparaître. Lorsqu'une chambre délaisse son action nécessaire, que le peuple lui-même abandonne la faculté d'écarter l'obstacle, la division doit cesser d'être. La division disparaissant, l'unité reprend son empire, le pouvoir législatif entier se concentre sur la chambre régulière, légitime, docile à sa mission, soucieuse de la justice. L'urgence du pouvoir obtient satisfaction, l'autorité retrouve sa force nécessaire, il devient possible d'établir la loi, l'impôt. Mais ce sera la lutte peut-être?

La lutte, c'est possible. Encore faut-il supposer que le peuple s'invétère dans son erreur, ne s'incline pas au moins devant la force de l'autorité légitime, aille jusqu'à la révolte. Mais il n'y aura pas antinomie, doute, impuissance ou danger inévitable. D'une part se trouvera le droit nettement indiqué, de l'autre la prétention clairement définie d'usurper, de retenir un pouvoir impossible. Le sort d'une nation ne peut rester à la merci d'une puissance dévoyée, d'une multitude en délire. Il est des heures dans la vie d'un peuple où la justice, le droit ne peuvent rencontrer d'autre appui que la force; en pareil cas, la lutte est non seulement permise, légitime, elle est salutaire. Elle s'écarte de l'action bienfaisante de l'autorité, ne peut se perpétuer. Ce n'est pas la faute des principes si la liberté humaine vient placer la révolte en face de l'ordre, de la justice, appeler la répression. Je n'examine pas en ce moment la forme la meilleure d'une constitution politique, je ne disserte pas sur l'art de gouverner. Je cherche où est le droit, et, quand je le rencontre, je le mets en lumière sans m'inquiéter des obstacles que peuvent lui susciter les défaillances de notre nature. Il suffit à l'autorité d'être conforme à son être, d'avoir la puissance du commandement, de la conservation, du bien ; ce serait lui demander trop que d'infirmer la liberté humaine et sa loi providentielle. Le pouvoir est le droit d'ordonner et d'être obéi dans les limites de la justice, mais non l'assurance d'être toujours et volontairement obéi.

Il sera parfois difficile d'apprécier l'acte de la puissance publique, le mobile qui la dirige. La volonté, rebelle, se déguisera, se couvrira de l'apparence de la raison, de l'utilité, du bien, au moins de la controverse possible. L'abstention la plus coupable pourra sembler légitime et le doute réel perfidement calculé. La distinction me paraît plus aisée qu'on ne le suppose. Les faits ont une signification propre, facile à reconnaître, et les circonstances viendront en aide au discernement. Je le crois au contraire, sur un point semblable il est impossible de s'égarer. La conscience indiquera toujours avec certitude de quel côté se trouve la loi morale, la justice et le droit. Dans tous les cas, les résolutions d'un pouvoir aussi bien que celles d'un peuple dépendent de leur jugement, de leur arbitre. Quand la raison ordonne, lorsque la conscience permet ou commande, ils décident, prononcent, exécutent, et Dieu leur vient en aide, à moins qu'il ne veuille châtier le pouvoir ou le peuple. Au surplus, essayons d'appliquer la théorie, de préciser certains effets du délaissement et de la cohésion de la puissance publique.

Le délaissement s'opère dans la limite tracée par l'acte lui-même. Lorsque cet acte n'est pas absolument nécessaire ou lorsqu'il est possible de suppléer au déni du législateur, le refus d'accomplir ne peut indiquer la volonté d'abandonner le droit, ne peut en motiver la perte. Il n'y a pas volonté rebelle à l'exercice du pouvoir dans ses conditions indispensables, le désistement ne peut se présumer. Si le refus porte au contraire sur un acte d'une urgence absolue, qu'un autre ne peut accomplir sans en avoir le privilège exclusif, la renonciation est entière, il est impossible de la restreindre. Deux pouvoirs identiques et contradictoires ne peuvent coexister sur un même point; l'essence de l'autorité, la conservation du peuple exigent que le délaissement soit intégral. Le pouvoir coupable ne peut garder un titre qui lui permettrait d'appuyer son erreur, viendrait légitimer sa résistance.

Prenons un exemple : on voudrait, je suppose, remplacer une loi précédente. Si la règle ancienne peut encore suffire à la rigueur, le rejet de la loi nouvelle ne peut être considéré comme un refus de faire dans les termes essentiels du pouvoir, constituer un abandon de la puissance. Il existe une loi suffisante qui garde sa valeur, la renonciation ne peut s'établir. Mais, si la loi nouvelle est nécessaire par elle-même ou la loi précédente abrogée par la désuétude, le refus d'accomplir emporte sa conséquence, l'abandon du droit. Le peuple alors, je l'ai dit, recueille l'autorité et la transmet de nouveau. S'il néglige de le faire, partage la faute, ne remplace pas d'une façon utile le pouvoir réfractaire, défaillant, la puissance législative, en vertu de son unité primordiale, de sa cohésion, de sa force, de son urgence, se groupe sur la chambre fidèle au devoir et devenue seule légitime. La même règle s'applique aux lois de finances.

Les budgets ont en général une durée limitée, se votent d'une manière annuelle. Des besoins nouveaux peuvent surgir, sans qu'il soit possible de les prévoir à l'avance : ils doivent trouver satisfaction; d'autres cessent d'exister. Tel est le but nettement défini, telle est la cause, la raison d'être de la périodicité du budget. L'une des deux chambres profite de cette latitude annuelle, de son droit financier pour faire échec à une loi permanente, essaye par ce moyen détourné de reprendre la puissance législative entière.

Elle a concouru pourtant par elle ou ses prédécesseurs à la formation de cette loi. C'est l'oubli le plus coupable des engagements, l'usurpation de pouvoirs, la forfaiture. Quelle sera la solution? Si la loi n'a jamais été dotée, nous retrouvons le refus de légiférer dans les conditions nécessaires de l'essence, de la force du pouvoir, du transfert, et sa double sanction. La loi doit en effet garder sa puissance entière; une prérogative contingente, un pouvoir restreint ne peuvent l'infirmer. Mais, si la loi possédait une dotation antérieure, la nécessité n'est plus que relative; l'obstacle, le refus de faire devient surmontable. La force invincible du pouvoir rencontre une issue, l'impossibilité de la paralyser trouve une sanction moins rigoureuse. Le dernier budget voté peut et doit garder sa force sur le point en litige, jusqu'à ce que l'entente se produise. Cette solution s'impose non seulement au point de vue des résultats, mais encore des principes.

La périodicité, je le répète, a pour objectif les besoins nouveaux, les exigences du moment. Elle ne peut franchir cette limite sans échapper à sa raison d'être, à sa cause, à sa fin. Elle ne peut avant tout infirmer la nature, l'efficacité de la puissance publique. Quand donc il existe un besoin permanent, une loi stable auxquels le budget doit faire face, la périodicité ne peut les atteindre, tant en raison de son caractère propre que de l'essence supérieure immuable de l'autorité, de la loi. En pareil cas, la limite établie, le terme assigné, n'ont plus une valeur fixe, absolue, ne peuvent être que conditionnels. La condition est que le vote annuel n'abandonne pas son motif d'existence, ne s'oppose pas à l'action nécessaire du pouvoir, ne vienne pas revendiquer pour un seul une force collective, laisse revivre les subsides indispensables tant que la cause efficiente persiste, que la loi n'est pas abrogée. S'il en est autrement, si ces conditions ne sont pas remplies, la clause de la périodicité devient incompatible avec la nature efficace de la puissance publique, impossible, contraire à la justice, à la loi morale, doit disparaître. La périodicité disparaissant, le terme de la loi du budget doit disparaître avec elle; on ne peut infirmer la cause et retenir l'effet. La dernière loi de finances, votée d'un accord commun, garde une force entière, devient permanente jusqu'à ce que l'harmonie se rétablisse. Elle est en outre le dernier rapport connu entre le besoin et la satisfaction qu'il doit obtenir, elle semble devoir se rapprocher le plus du but à atteindre.

La périodicité du budget ne peut s'affaisser en entier, parce qu'il existe sur une question particulière un empêchement relatif. Elle est divisible comme les articles d'un budget; rien ne s'oppose à ce qu'elle s'éteigne sur un point seulement. Une loi de finances peut comprendre des ressources temporaires et des dotations perpétuées, irréductibles. L'oubli de la condition ne touchant qu'un fait spécial, le vote annuel ne peut, ne doit disparaître qu'à son égard. Par contre, la difficulté, qui viendrait entraver le vote général du budget, laisserait subsister en entier l'ancienne ouverture de crédits, les dotations précédentes.

La divergence sur la quotité de l'impôt, lorsqu'il existe une fixation antérieure, doit obtenir des résultats analogues. Le dernier chiffre accepté, devenu légal, échappe au terme, garde sa loi jusqu'à l'entente ultérieure.

Le dissentiment permet de supposer la bonne foi, n'entrave pas d'une façon nécessaire l'exercice du pouvoir; il est possible d'y suppléer; il n'indique donc pas nettement la pensée, l'urgence de l'abandon. La périodicité seule se trouve atteinte par l'oubli de sa condition, disparaît en tout ou en partie, suivant que le refus est général ou particulier. Je n'ai pas besoin de l'ajouter : si la chambre persistait dans sa faute, voulait l'appuyer de son autorité, ce serait alors un fait nouveau : le pouvoir usurpé, délétère et ses conséquences.

Telles sont, je crois, les solutions véritables; tel est le droit. Le refus d'accomplir ou la volonté d'abandonner les termes naturels ou positifs indispensables du transfert lorsqu'il s'agit d'une loi, d'un impôt nécessaires et sans précédent, ouvrent non seulement le droit de défense, mais présument l'abdication. La conséquence ultérieure est alternative : le peuple recueille et transmet l'autorité d'une manière utile, ou bien elle se groupe d'elle-même en vertu de sa substance une, de sa force de cohésion, de son être nécessaire sur le pouvoir régulier. Si le refus de faire ne paralyse pas l'autorité, s'il est possible d'y suppléer, l'abandon ne peut plus se présumer. La règle ancienne garde sa valeur, l'impôt devient permanent, la périodicité seule s'efface en tout ou en partie, par le dédain de sa condition.

On trouvera peut-être que la première conséquence est bien rigoureuse et détruit la stabilité du pouvoir. Je ne la crée pas, je me borne à déduire des corollaires, à les présenter tels qu'ils m'apparaissent. Le refus d'accomplir un acte indispensable implique nécessairement l'abandon du droit corrélatif. A plus forte raison cela doit-il exister lorsqu'il s'agit d'un pouvoir, dont la loi naturelle divine fixe l'urgence, et nous démontre les attributs.

Dieu lui a prescrit la vitalité, la vie se traduit par le mouvement, l'immobilité dénote la mort. Quand la circulation s'arrête, l'âme abandonne le corps qui l'enfermait. La puissance publique, en vertu de sa nature, s'échappe à son tour des mains inertes ou coupables qui la retenaient. Il ne peut en être autrement; mais la stabilité du pouvoir garde tout ce qu'elle peut obtenir. Toutes les fois qu'il est possible de faire prévaloir l'autorité, de dégager son action nécessaire, de contenir les écarts sans briser la puissance entière, les principes viennent en aide à la durée, nous indiquent le maintien du pouvoir existant. Sa force indispensable doit rester hors d'atteinte; mais elle peut s'accommoder avec la division du pouvoir législatif et la périodicité du budget. Elle ne repousse pas les contrôles, les pondérations utiles, l'établissement et l'emploi des ressources à l'heure voulue; elle exige seulement qu'il lui soit possible de tendre au but que Dieu lui a fixé. Sachons donc conserver les règles tutélaires, n'abandonnons pas les appuis que peuvent rencontrer notre faiblesse, l'insuffisance de notre raison. Pour garder ces avantages, il suffit de prévoir dans la loi fondamentale et d'écarter le conflit. Il est permis même de les obtenir, en tout état de cause, si j'ai constaté logiquement les résultats de la désertion du pouvoir.

Je viens d'esquisser les règles générales; il sera facile de les appliquer. Pour ma part je dois me borner, ne pas trop m'attarder aux questions contingentes, et je l'ai fait déjà plus d'une fois. Je dois revenir à mon but, la recherche de la légitimité d'un pouvoir, d'une monarchie héréditaire, de son représentant. Il me sera permis cependant de le dire avant de terminer : le conflit injuste entre les pouvoirs, l'atteinte portée par les deux chambres à l'autre puissance obtiennent des résultats, des sanctions analogues à ceux de l'antagonisme entre les fractions d'une même autorité. Tantôt ils aboutissent au droit de défense, à l'abandon du pouvoir, à ses suites; tantôt ils conservent sa force à une loi, ils font revivre une ressource périodique. Les règles que j'ai posées permettront de conclure. J'abandonne donc l'objet de la transmission pour arriver aux effets particuliers de la cause.

La cause du transfert est l'impossibilité pour la multitude d'exercer elle-même le pouvoir qui lui est indispensable. L'urgence de la transmission, la nécessité du pouvoir civil doivent, ainsi que je l'ai dit, donner au pacte qui se forme un caractère propre. Il doit se nouer aisément, se dissoudre avec peine; la régularité du transfert doit se présumer, la résolution se limiter aux cas extrêmes. En effet, pour lui, l'erreur sur la personne n'existe pas, l'annulation ne peut être obtenue; les clauses opposées à la nature de l'objet disparaissent d'elles-mêmes, les fautes ont parfois des sanctions moins nombreuses, la rupture est soumise à des conditions difficiles à remplir. Et pourtant la nécessité du transfert vient aggraver tout d'abord la condition essentielle de tous les pactes, l'assentiment. Nous l'avons vu : le consentement tacite est réel, valable, efficace, produit un accord de volontés, suffit à la formation d'un contrat. La convention civile étant facultative, l'exécution par les parties devient un mode d'assentiment implicite. Le peuple, n'étant pas libre d'échapper au pouvoir civil, peut être contraint d'obéir, alors même que le pacte serait nul de plein droit. Un intérêt puissant, la violence même peuvent l'obliger à se soumettre contre sa volonté.

L'exécution sans la liberté ne présume plus le consentement. Le défaut de liberté se constate par la protestation. La protestation vient détruire l'effet apparent de l'obéissance, en infirmer le résultat. Le droit humain nous l'apprend avec compétence, car cette règle est de son domaine.

« On peut, à l'aide d'une protestation se ga- « rantir contre le danger d'une interprétation « qui tendrait à présenter tels ou tels faits comme « emportant renonciation tacite [1]. »

Pour nous la protestation n'est pas seulement facultative, efficace, il est indispensable qu'elle ne vienne pas se joindre à la soumission pour que cette dernière obtienne son effet.

En matière d'autorité, l'exécution par le peuple, pour atteindre au consentement, doit se compléter par l'absence de réserves, par le silence.

Les conventions civiles, étant facultatives, individuelles, ou du moins ne dépassant pas la limite de groupes restreints, n'opèrent qu'entre les parties contractantes. La transmission du pouvoir civil, nécessaire, intéresse un être collectif, indivisible, une agglomération impérieuse, la société. Le pouvoir répandu sur chaque membre, mais à titre commun, ne peut avoir un caractère personnel : ce serait la négation de l'état social. Le consentement du plus grand nombre, obtenu dans la limite de l'ordre et de la justice, vient donc s'étendre à la masse, obliger, astreindre les absents, même les réfractaires.

1. Arbey et Rau, *Cours de code civil*, tome IV.

Dans les contrats civils, l'adhésion n'obtient son effet qu'à partir du moment où elle se produit. Le transfert du pouvoir peut et doit posséder un effet rétroactif. Un intérêt d'ordre exige que le consentement valide les actes antérieurs conformes à la nature, à la fin de la puissance publique. Il serait contraire à l'intérêt social, impossible de revenir, par exemple, sur la perception et l'emploi des ressources, sur les décisions judiciaires. L'acquiescement ultérieur, en dehors de toute stipulation, de toute assurance manifestée, emporte donc la ratification des actes précédents conformes à l'essence du pouvoir social et à la justice. Nous le voyons : il existe des différences notables entre le pacte de transfert de la puissance publique et les contrats civils. Tous deux empruntent leurs éléments essentiels à l'équité, à la raison : de là certaines similitudes. Mais les préceptes de la raison varient suivant les personnes, les objets, les causes ; il en résulte des divergences. Je viens d'en noter quelques-unes, d'en indiquer les résultats ; si j'en omets d'importantes, elles apparaîtront d'elles-mêmes lorsque j'examinerai les effets de la transmission.

En résumé, la transmission du pouvoir civil s'opère en vertu d'un accord de volontés, du libre consentement. Suarez a donc pu l'appeler un contrat, une donation parfaite, réservant le mot de quasi-contrat pour la conquête, si je ne me trompe. Mais cet accord de volonté forme un pacte du droit des gens, *sui generis*, ayant des caractères propres, des règles particulières, des effets distincts. Ce serait l'amoindrir outre mesure, lui enlever sa force indispensable, que de l'enfermer étroitement dans les règles d'un contrat civil.

CHAPITRE XII

QUELQUES EFFETS DE LA TRANSMISSION

Le peuple doit aliéner ce qu'il transmet; il n'a pas le droit de révocation, ne peut communiquer la puissance à l'aide d'un simple mandat. — Droit de défense : dans une monarchie héréditaire, ne peut atteindre les successeurs, n'appartient pas aux pouvoirs subordonnés. — Inamovibilité. — Le pouvoir d'une Chambre haute nommée par la Couronne lors de l'établissement d'un pouvoir constitutionnel est un pouvoir transféré. — Causes légitimes venant mettre fin au pouvoir civil.

Je l'ai dit plus haut, dans notre droit français, la transmission ne se distingue plus utilement du contrat auquel elle se rapporte et qui devient parfait par le seul acquiescement. J'emploie donc d'une manière indifférente les mots de transmission ou de pacte de transfert; ces deux termes indiquent clairement ici le fait de la translation de la puissance publique par l'accord des volontés. Le concours des deux volontés forme un pacte obligatoire dans les termes de l'union, conformément à la règle du droit et de la justice. Le droit civil, s'adressant à des intérêts multiples, présente des contrats de diverses natures. Tantôt il permet d'attribuer et de retenir dans une certaine limite, il trace les règles du mandat, révocable à la volonté du mandant lorsqu'il est établi dans son intérêt; tantôt il fixe les préceptes des aliénations véritables. Le pacte de transfert se rattache à ce dernier ordre. Qu'il soit temporaire ou bien indéfini, il doit aliéner ce qu'il transporte, sans autre droit de reprise, sans autre possibilité de retour que la venue du terme, la fin légitime du pouvoir transmis.

J'ai déjà rencontré l'occasion de le constater, l'urgence rigoureuse d'un pouvoir social, l'obligation de le communiquer l'exigent : le pacte de puissance publique doit être plus ferme, plus stable, avoir plus de fixité, s'il est possible, que les contrats ordinaires. L'opposition absolue que présentent la dépendance et l'autorité nous l'indique à son tour; le transfert du pouvoir doit aliéner ce qu'il comporte, dessaisir entièrement le subordonné. Le devoir de soumission exclut le droit au commandement. C'est négliger volontairement ces indices, qu'aller chercher dans les contrats civils un modèle exact de la transmission du pouvoir.

S'adresser notamment aux partis les moins

solides, les plus faciles à résoudre, au mandat, par exemple, dont nous allons bientôt reconnaître l'insuffisance, le caractère incompatible, est s'écarter à dessein de la vérité. C'est parfois un sophisme plus regrettable encore : profitant de quelques analogies on conclut à l'assimilation entière, non plus par faiblesse d'esprit, mais pour masquer les divergences. Pour quelques-uns c'est une manière insidieuse, latérale, déguisée de rentrer dans la formule du pouvoir humain, contractuel, de battre en brèche la nature divine de l'autorité. Je n'ai pas à revenir sur ce que j'ai dit à ce sujet, je me borne à suivre ma démonstration.

Le pacte de puissance doit aliéner ce qu'il transmet.

Quand la translation est pure et simple, sans réserve, il ne peut exister de doute à cet égard. L'accord s'est formé sur une chose certaine, le pouvoir civil; l'aliénation est clairement indiquée par la nature de l'objet. La puissance publique est le droit de commander : celui qui la détient ne peut être l'inférieur du subordonné; la transmission doit donc l'enlever au peuple pour en investir son élu. Si le transfert a réduit dans une certaine limite l'étendue ou la durée, l'effet ne peut varier. Le pacte n'a pu restreindre l'essence nécessaire de l'autorité; elle doit rester quand

13

même le droit d'ordonner, de contraindre, d'imposer le devoir et la soumission. Le subordonné ne peut conserver à aucun titre la nature irréductible qu'il a dû transmettre.

Le droit du peuple n'est pas, comme on le dit quelquefois, un droit supérieur, toujours vivant, inaliénable, qu'il soit possible de confier seulement, sans le délaisser jamais d'une façon entière. Le peuple trouve dans la loi naturelle le pouvoir qui lui est indispensable; mais, lorsqu'il l'a transmis, il ne rencontre nulle part le droit supérieur, arbitraire de le reprendre à volonté. Une société, comme un particulier, doit respecter ses engagements, les droits qu'elle a pu former; or, la raison nous l'indique, un engagement doit garder sa fixité absolue. Le peuple, je le répète, trouve dans la loi naturelle le pouvoir civil en vertu de sa nécessité; lorsque ce pouvoir ne lui est plus indispensable, qu'il existe d'une façon régulière, légitime, il ne peut plus l'obtenir. L'urgence, c'est-à-dire la cause, disparaissant, l'effet, la possession naturelle ne peut se produire.

Les théologiens disent quelquefois : Le peuple retient le pouvoir *in habitu*. « Retenir le pouvoir « *in habitu*, c'est simplement retenir le droit de « le reprendre si par une cause ou par une autre « le souverain légitime vient à manquer, comme

« par exemple dans le cas de l'extinction d'une « dynastie [1]. »

C'est au fond le précepte de la loi naturelle, avec un terme moins précis : reprendre au lieu de retrouver. Ce n'est pas en effet avoir à soi, même d'une manière spéculative, que posséder seulement par le retour du motif initial d'obtention. Si la cause essentielle du droit a besoin de se reproduire, le titre avait perdu son efficacité première. Il n'existe pas en réalité de différence entre les effets de la possession virtuelle du pouvoir, c'est-à-dire sans effet présent, et ceux de la possession intermittente; cette dernière a cependant l'avantage d'enlever tout prétexte aux déductions abusives. Pour moi, la véritable formule est celle que je viens d'indiquer. Le peuple ne conserve rien de ce qu'il transfère, la possession qu'il a remise à un autre n'existe plus pour lui; mais la vacance réelle du pouvoir, le défaut de puissance légitime fait revivre la nécessité, et la nécessité ramène la détention naturelle.

J'ai dit la vacance réelle; en effet, la dépossession injuste d'un pouvoir régulier ne viendrai pas établir cette nécessité. Le droit de l'évincé continuerait à subsister, la puissance ne serait pas vacante, on ne pourrait invoquer l'obligation

1. Du Lac, *L'Église et l'État.*

de la remplacer, et, je viens de le rappeler, quand l'urgence disparaît, la multitude ne rencontre plus le pouvoir civil et le droit de le transmettre. Si je comprends bien la règle de la loi naturelle, on peut l'affirmer absolument : lorsque le peuple a transmis l'autorité d'une manière utile, qu'un pouvoir légitime subsiste, fût-ce à l'état spéculatif, la nation n'a plus aucun titre à posséder la puissance. S'il en est ainsi, le transfert a donc aliéné la possession initiale. Il en est un autre motif : non seulement la puissance publique est aliénable, mais il est nécessaire que la transmission vienne l'aliéner.

L'autorité dont le peuple doit se dessaisir, le droit d'ordonner ne se prête pas au partage égal qui viendrait l'infirmer, à la réserve qui le placerait dans un état de subordination. Je ne parle pas des divisions de pouvoirs licites, des contrôles, des bornes rationnelles; je m'arrête seulement au parallélisme défendu, qui permettrait au commandement de se produire en sens inverse, à cette double autorité qui laisserait à l'inférieur la prééminence. Qu'on le veuille ou ne le veuille pas, l'essence irréductible du pouvoir civil est de prescrire. Là où le subordonné peut rester l'égal ou le supérieur, refuser l'obéissance, dominer, conduire, il n'y a plus de pouvoir; il ne reste qu'une chose sans nom, douteuse, incertaine, hybride, inerte, la puissance à rebours. En principe donc, deux pouvoirs égaux, parallèles, ne peuvent exister sur le même point, l'un transmis, l'autre resté chez le peuple; ce serait le commandement sans force, sans vertu, la contradiction, la lutte, l'inverse de l'autorité. A plus forte raison le subordonné ne peut-il garder une puissance supérieure à celle qu'il confère, il ne communiquerait pas le pouvoir, il établirait seulement la dépendance de l'élu. La nature essentielle de l'autorité s'oppose donc à ce que le peuple conserve une puissance égale ou supérieure à celle qu'il transfère. S'il en est ainsi, il est contraint de délaisser entièrement, d'aliéner ce qu'il communique. La puissance publique est aliénable, forcément aliénée par la transmission. Telle est, du reste, l'opinion commune des théologiens, appuyée, je dois le dire, sur des motifs différents. Ceux mêmes qui enveloppent la transmission de langes bien humains, et ne peuvent déplaire à ce titre aux démocrates instruits, le reconnaissant; le transfert ne laisse plus au peuple qu'un droit, la légitime défense. Quand on est réduit à la seule faculté de guerre, c'est-à-dire de conservation, de garde, d'existence, c'est qu'on ne possède plus l'autorité, qu'on a dû l'aliéner. Le pacte de transfert aliène donc tout ce qu'il contient. Il ne transmet pas cependant une propriété, dans l'acception ordinaire du mot.

La propriété, selon la règle humaine, est le droit d'user et d'abuser d'une chose, c'est-à-dire de l'appliquer à son utilité particulière, d'en jouir sans entraves, de la vendre ou de la donner à son gré. Le pouvoir civil est exclusivement le droit de gouverner un peuple pour sa préservation, son bien, de le régir suivant les préceptes de la justice.

Il n'est donc pas la faculté d'appliquer la puissance à l'avantage de celui qui l'obtient. En outre, celui qui a bénéficié de la transmission ne pourrait vendre, donner ce qu'il a reçu sans manquer au pacte de transfert. Si le pouvoir est temporaire, il a été remis en vue de la personne, ne peut s'en écarter. Transmis à titre héréditaire, il a été communiqué d'une manière exclusive à certaine famille, dans un ordre établi de succession, ne peut sortir de cette famille et de l'échelle d'hérédité. Le pacte de transfert exclut donc l'abus facultatif. Il comporte nécessairement le droit de déléguer ce qu'on ne peut accomplir soi-même, mais ne va pas au delà. Un pouvoir ne pourrait céder ou donner aucune partie de territoire, aucun de ses subordonnés, sans le consentement de la nation.

Si le peuple doit aliéner tout ce qu'il transfère, il n'est pas tenu de transmettre tout ce qu'il possède. Nous le savons déjà, le peuple doit transporter une puissance réelle, efficace, mais à la condition de garantir les qualités essentielles de l'autorité, il peut la transmettre dans des conditions diverses. L'obligation de transférer reposant en outre sur l'impossibilité pour une multitude d'exercer le pouvoir civil, il est loisible au peuple de se réserver tout ce qui est accessible à son action.

Il en résulte donc, comme nous le dit Suarez après Navarre et Bellarmin, « que si un peuple « a transféré la puissance à un Roi, en se la ré« servant pour certaines affaires ou causes plus « graves, il lui est licite d'en user pour ces sortes « d'affaires et de conserver son droit, pourvu qu'il « soit appuyé sur un titre authentique ou bien « une coutume immémoriale [1]. »

Rien ne s'oppose en effet à ce que le peuple garde en vertu d'un titre authentique ou d'une coutume immémoriale certaines affaires rares, éloignées, n'exigeant pas une décision rapide. Il ne conserve pas ce qu'il ne peut avoir à lui, il ne retient pas ce qu'il doit aliéner, il réserve seul ce qui est à sa portée, ce qu'il peut mettre en mouvement. Le pouvoir que le peuple enlève à la puissance de gouverner pour l'assigner à

1. *Défense de la foi*, liv. 3, ch. III.

d'autres n'est pas réservé par la nation, comme on le dit parfois en confondant les termes. D'autres le reçoivent, il n'échappe pas à la loi du transfert et de l'aliénation; c'est un simple partage d'autorité, un autre transfert et sa conséquence essentielle, le délaissement.

Le peuple doit donc aliéner tout ce qu'il transmet; toute stipulation contraire disparaîtrait comme incompatible avec la nature de la puissance publique, aurait le sort des clauses irréalisables, contraires à la règle divine qui est la loi morale. Le pouvoir passe à l'élu dans les termes de l'accord et dans ses conditions nécessaires. Le peuple n'a plus ce qu'il a communiqué, l'investi garde seul la puissance transmise. Le droit qu'il obtient est non seulement indépendant, mais persiste d'une manière unique. On le dit quelquefois parallèle : c'est une erreur.

Il ne peut exister sur un même point de pouvoirs véritablement parallèles, c'est-à-dire également entiers; l'autorité doit être là ou là. Le parallélisme ne peut exister qu'entre pouvoirs momentanément divisés, mais convergeant au même but, devant se réunir en une seule volonté; or le peuple n'exerce pas, ne peut exercer la puissance. Il peut garder un pouvoir séparé, différent; ce n'est plus alors une puissance parallèle.

Il me reste maintenant à utiliser ces prémisses. Le peuple, aliénant ce qu'il transmet, ne peut garder le droit arbitraire de révocation, ou communiquer la puissance à l'aide d'un simple mandat. Le droit de révocation ne peut s'appuyer que sur une puissance supérieure, une souveraineté personnelle, absolue, qui permette de dominer tous les droits, même ceux qu'on a pu former, ou sur une réserve d'autorité, une condition du transfert. Ces deux titres échappent au peuple. Il ne possède pas d'autorité absolue, il ne peut conserver une puissance supérieure à celle qu'il transmet et doit aliéner; je n'ai pas à revenir sur ces points.

Si donc le peuple n'est pas le maître naturel, et ne peut devenir, à l'aide d'un contrat, le supérieur de celui qu'il investit de la puissance, il ne peut avoir et se réserver le droit arbitraire de le révoquer. La raison la plus vulgaire nous l'indiquerait, du reste, à défaut des principes, le pouvoir de créer n'est pas la faculté d'anéantir, la puissance de former n'emporte pas le droit de détruire ce que l'on a produit.

L'absence du droit de révocation nous l'enseigne à son tour : le pacte de transfert ne peut emprunter la forme du mandat. « Le mandat est « un contrat par lequel l'une des parties donne « à l'autre le pouvoir, que celle-ci accepte, de la

« représenter, à l'effet de faire en son nom et « pour son compte, un acte particulier ou une « série d'actes de cette nature [1]. »

Il engage la responsabilité du mandataire, est révocable à la volonté du mandant, à moins qu'il ne soit établi dans l'intérêt du premier.

Il n'est pas utile d'aller plus loin, la détermination du mandat nous suffit. La puissance publique a pour but le bien et la conservation de la société; le mandat de pouvoir serait dans l'intérêt du mandant, le peuple aurait donc le droit de révoquer son mandataire, et nous venons de voir qu'il ne peut l'obtenir. Le délégué ne serait plus en outre qu'un serviteur à gages, ayant mission de pressentir les volontés du maître et de les exécuter. Il n'aurait pas la force nécessaire pour diriger, astreindre le mandant. Le subordonné pourrait à chaque heure briser la puissance du supérieur nominal; ce ne serait plus un pouvoir, mais un contrat de domesticité d'une part, de servitude de l'autre; où se trouverait alors le commandement? Nous avons vu des hommes d'Etat accepter par convoitise cette vaine formule, mais essayer en même temps de s'y soustraire par tous les moyens en leur pouvoir. Nous avons vu leurs efforts de corruption,

1. Code civil, art. 1984.

leurs essais de fourberie pour tâcher d'obtenir un lambeau de puissance véritable. Nous avons assisté aux luttes parfois violentes de ces prétendus mandataires et de leurs pseudo-mandants; laissons donc à tous égards ce triste et vide instrument de domination.

Si la nature du pouvoir civil, les règles du transfert ne permettent pas au peuple de reprendre ce qu'il a transmis, de briser la puissance qu'il a communiquée, serait-il au moins utile ou nécessaire qu'il en fût ainsi? Ce prétexte même ne saurait être invoqué. Le peuple trouve dans la loi providentielle des garanties multiples, en dernier lieu le droit de se protéger. Il a la faculté de transmettre le pouvoir dans les conditions que peut lui dicter la prudence. Il peut diviser l'étendue, la borner au strict nécessaire, établir des contrôles, prévenir les abus. S'il a négligé ces précautions, transmis un pouvoir absolu, il ne s'abandonne pas pour cela au caprice du maître qu'il s'est donné. Dieu, qui a créé la puissance publique dans l'intérêt de la société, lui accorde le droit, la force; lui impose en même temps des obligations rigoureuses. Les pouvoirs oublieux de la justice s'exposent tout d'abord aux châtiments qu'il assigne aux écarts de la liberté humaine, ceux qui négligent le bien du peuple n'échappent pas à ses sanctions.

Les peines spirituelles ne sont pas les seules qui atteignent l'injustice ou l'inertie du pouvoir; l'intérêt temporel vient appuyer à son tour les règles morales et parfois de la façon la plus énergique. Je ne reviendrai pas sur la force du lien qui rattache l'intérêt d'une dynastie à l'avantage du peuple. Je me borne à répéter la conclusion : on ne gouverne pas une multitude à longue échéance sans tenir compte de ses droits, on ne la régit pas contre son gré. Sa volonté juste finit toujours par s'imposer, quelquefois, hélas ! son désir injuste. Le pouvoir donc qui dédaigne ses règles et ses freins, abuse de son autorité, franchit les limites du juste, trouve devant lui non seulement des obligations morales, des devoirs, mais encore le peuple et les droits que Dieu lui confère en pareille circonstance. Il peut signifier ses aspirations, rappeler ses titres, insister avec fermeté sur ces points, résister d'une façon légale, passive. La loi sans équité n'oblige pas, il est permis de la rejeter, Dieu ne peut donner la force à des règles contraires à ses préceptes. Enfin, si l'aberration est complète, l'espoir de retour impossible, le danger imminent, le peuple rencontre, comme tout être humain, le droit qui s'attache au péril, la légitime défense. Lorsque l'injustice est manifeste, le danger imminent, qu'il n'est plus possible de les prévenir ou de les écarter autrement, les sociétés, qui ont le droit de se préserver et de vivre, peuvent repousser l'attaque, se soustraire à l'agression. Je ne traiterai pas ce sujet, il n'importe pas à mon examen. J'en ai, du reste, un second motif : bien que le droit de défense résulte de la loi naturelle, ses règles, ses limites ressortent de la conscience, de la loi spirituelle, de la théologie; c'est un terrain sur lequel je me hasarde le moins possible. Si l'on veut étudier cette question, il faut s'adresser aux docteurs de l'Eglise, aux théologiens, à saint Paul, saint Thomas, Suarez, à d'autres encore. Il me suffit de constater que le droit de défense existe, fait face au besoin, garde l'efficacité nécessaire, remplace avec avantage le droit de révocation. S'il est défini, gradué par la raison la plus sage, se proportionne au mal, s'il motive une réserve extrême et ne dépasse jamais le but, il peut au moins y atteindre. Il possède non seulement la mesure, mais il n'atteint pas sans urgence absolue la stabilité du pouvoir, un des éléments les plus essentiels de l'ordre intérieur, de la conservation, de la prospérité d'un peuple. Le droit de révoquer, arbitraire de sa nature, pourrait être utilisé sans besoin pressant, sans méditation consciencieuse, peut-être sans justice. Il ouvrirait la porte aux convoitises malsaines; les ambitions constamment en éveil viendraient ternir, paralyser, dans la mesure du possible, l'action la plus légitime du pouvoir, faire tous leurs efforts pour tromper le peuple au détriment de son intérêt parfois vital. On retomberait avec bien plus d'intensité dans les inconvénients des pouvoirs temporaires. Le droit de révocation, loin d'être utile ou nécessaire, serait nuisible, désastreux, compromettrait l'existence des sociétés, c'est probablement à ce motif qu'elles ne l'obtiennent pas.

Le droit de défense est rigoureusement limité, ne peut atteindre que l'agresseur. Sous une monarchie héréditaire, il ne peut s'étendre aux degrés suivants. La défense s'adresse au danger, ne peut dépasser le péril. Quand la société a juridiction, elle peut y ajouter le châtiment; mais elle n'a plus juridiction sur ceux qu'elle a placés à sa tête, auxquels elle a transféré son pouvoir. La défense, réduite à ses forces, ne peut donc toucher le successeur qui n'a rien ébranlé, rien compromis. Il est impossible d'invoquer le salut du peuple contre celui qui n'a pas encore exercé la puissance, ne s'est pas rendu complice de l'agression. Le droit de guerre peut écarter la menace immédiate ou certaine, mais non problématique, à plus forte raison ne peut briser le droit salutaire qui subsiste à côté. Le pacte de transfert n'est pas annulable, ne laisse pas le droit de révocation, de châtiment; tout ce qui n'est pas le danger doit survivre à la défense. Elle peut ouvrir, dans l'ordre établi, la succession de l'insensé, du coupable ; il ne lui est pas permis d'aller au delà. Le pouvoir n'est pas vacant, il peut fonctionner avec justice, dans les conditions du transfert, il n'est pas nécessaire au peuple, ce dernier ne peut le revendiquer. S'il tentait de le faire, l'héritier, dont le droit serait ouvert, pourrait à son tour défendre, préserver son titre, le faire prévaloir.

Le droit de défense des gouvernements n'est pas soumis aux réserves qui pèsent sur les subordonnés. Il n'y a pas en effet de similitude entre le droit d'assurer le commandement et la faculté de briser un devoir d'obéissance. Il a néanmoins ses règles propres et ses limites fixées par la justice, la conservation, le bien. La défense de l'autorité s'attache exclusivement aux pouvoirs souverains transmis par le peuple. Les communications ultérieures ne sont plus des transferts, mais de simples délégations. Elles ont pour but de mettre la puissance à proximité de tous ceux qu'elle doit atteindre, ne confèrent qu'un droit : mettre en mouvement le pouvoir d'un autre, l'exercer en son nom. Les délégués restent soumis à l'action de ceux pour lesquels ils agissent, dont ils exécutent parfois les ordres exprès, ne peuvent réclamer les avantages du transfert. Il leur est permis toutefois d'invoquer le droit de leur mandant, et par son autorisation d'en faire usage contre les tiers. Ils doivent bénéficier, en revanche, des lois, des clauses, des coutumes qui ont présidé à la délégation. Il se forme alors entre le constituant et le délégué un pacte dont les clauses doivent être maintenues. Le mandant, par exemple, peut renoncer au droit de révocation.

Le pouvoir judiciaire se délègue en général à titre inamovible, il ne peut plus dès lors se reprendre, sauf dans les cas définis à l'investiture ou forcément indiqués. Le contrat doit garder sa force, recevoir son exécution, en tant du moins qu'il émane d'un pouvoir légitime. Les lois, les actes, les engagements des usurpateurs n'existent que pour eux ; nul en dehors n'est obligé de les respecter, chacun a le droit de les tenir pour non avenus. « Si le prince, dit Suarez, a usurpé « le pouvoir, on peut très justement refuser de « lui obéir. Ce n'est pas le dépouiller du pouvoir « puisque réellement il ne l'a pas [1]. »

C'est la doctrine commune des théologiens sous la réserve de l'intérêt social. Les actes des pouvoirs de fait ne peuvent astreindre une puissance légitime qui recouvre ses droits; il lui est loisible de confirmer, ou de répudier ce qui a été fait par l'usurpation. L'inamovibilité acquise sous

1. Suarez, de legibus, tit. 3, cap. 10.

un pouvoir de fait ne peut lier un gouvernement légitime; mais celle qui résulte d'une puissance régulière ne peut plus être détruite. Par contre, un usurpateur ne peut atteindre l'inamovibilité reçue d'une autre puissance irrégulière. Tous deux ont demandé leur titre soit à la force, soit à la détention permanente de l'autorité par la multitude; ils doivent reconnaître, accepter ce qu'elles produisent. Ce n'est pas un devoir basé sur le principe; mais l'obligation résulte de l'erreur de la conscience. En résumé, les pouvoirs souverains transmis, aliénés par le peuple donnent seuls droit à la défense directe. Les délégations ultérieures permettent seulement d'exercer le droit du constituant, dans les limites de son autorisation.

Quel sera le titre à cet égard d'une Chambre haute désignée par le Souverain, lorsqu'abandonnant le pouvoir absolu, il établit le régime constitutionnel. La Chambre possédera non pas un pouvoir délégué, mais une puissance transmise, aliénée. En acceptant la charte et ses clauses, le peuple rentre en possession du pouvoir délaissé, il accorde seulement au Roi le privilège de transmettre en son nom la puissance que doit tenir la Chambre haute. Cette assemblée gardera donc le droit personnel de défendre son pouvoir indépendant.

Je viens de rappeler l'effet essentiel du transfert de l'autorité sociale, l'aliénation et ses corollaires, l'absence du droit de révoquer, la faculté pour celui qui reçoit de défendre ce qu'il possède. Je dois rechercher maintenant de quelle manière cette aliénation peut prendre fin.

La venue du terme, la mort du détenteur résolvent les transmissions temporaires. L'extinction de la dynastie remet aux mains du peuple le pouvoir transmis à titre héréditaire.

Ceux qui ont titre pour former un contrat ont qualité pour se relever de leurs engagements; le concours donc des volontés qui a formé le pacte peut également le dénouer. Le consentement de celui qui a reçu, l'adhésion de celui qui a transmis, viennent mettre un terme au transfert. En principe, l'abdication seule du bénéficiaire ne devrait pas annuler le contrat. Le pacte est synallagmatique, formé dans l'intérêt de celui qui transmet; celui qui a reçu la puissance, accepté les charges, pourrait tout au plus renoncer aux avantages, mais ne saurait décliner seul ses obligations. En fait, cette division est impossible, et, je l'ai rappelé, le devoir de faire ne peut s'imposer par la contrainte. Il appelle nécessairement la volonté de celui qu'il astreint; quand cette volonté fait défaut, le pacte doit se dissoudre. Le pouvoir civil est indispensable à la multitude;

elle est obligée de remplacer celui qui vient à défaillir, d'accepter la renonciation, d'invoquer parfois le délaissement.

Le désistement, comme toutes les manifestations de la volonté, peut être exprès ou tacite. Les motifs qui permettent à l'assentiment de se produire d'une manière implicite autorisent la renonciation à emprunter la même forme. Lorsqu'un pouvoir se laisse déposséder sans mot dire, ou sans protestation ultérieure, il est à présumer qu'il accepte la rupture du pacte, consent à le tenir pour non avenu. Le silence, nous dit le droit humain, devient en pareil cas l'indice du consentement.

L'abdication tacite est réelle, valable. Mais, en matière de pouvoir, l'éviction résulte de la force, et, nous le savons déjà, lorsque la volonté n'est pas libre, l'exécution passive ne suffit plus à constater l'acquiescement. L'opprimé doit non seulement accomplir, mais encore ne pas protester. Protester par la parole ou même par les armes est donc la seule manière de retenir le pouvoir légitime dont on a été spolié, de le soustraire à la renonciation tacite. Ce n'est pas sans motif que durant ses années d'exil le Roi Louis XVIII n'a cessé d'affirmer son droit, de protester dans toutes les circonstances.

M. le Comte de Chambord a suivi cet exemple.

Que de fois nous avons entendu la parole de l'héritier injustement dépossédé. Les coupables se refusaient à l'écouter, d'autres se demandaient quelle pouvait être l'opportunité de semblables manifestations. Je viens d'en donner le motif : elles préservaient le droit, elles venaient le garantir de la renonciation tacite. Nous sommes bien neufs en matière de droit politique; je voudrais pouvoir l'ajouter : mieux instruits, nous ne tomberions pas dans les mêmes écarts; je n'en ai pas, hélas! la confiance entière.

L'abdication d'un pouvoir héréditaire peut être personnelle ou comprendre le droit des héritiers. Les stipulations du possesseur d'un droit obligent ses descendants. Il peut contracter à titre indéfini, ses engagements s'imposent aux successeurs. Ils en recueillent les avantages ou supportent la perte, telle est la loi de la possession. Il est évident que, si le peuple et les héritiers s'entendaient dans un but contraire, le désistement n'aurait plus que des effets personnels.

La conquête à la suite d'une guerre juste vient infirmer le pouvoir du pays conquis. C'est le châtiment motivé de la puissance qui a défendu par les armes une cause inique. Le peuple qui l'a suivi perd à son tour le droit de communiquer une nouvelle autorité. Le vainqueur a le droit de s'annexer le territoire, il y apporte son gouvernement légitime, il subsiste; il n'y a plus lieu d'invoquer la nécessité.

La défense, je l'ai dit, peut à son tour atteindre l'agresseur, laissant debout, lorsqu'il existe, le droit des héritiers.

L'infidélité d'un pouvoir catholique, selon la parole de saint Paul, permet d'écarter une action délétère. Elle ressort à la fois de la juridiction des âmes et de la défense des peuples. Mais la prescription ne peut être invoquée, n'existe pas contre un pouvoir injustement dépossédé.

Cette mesure humaine peut s'appliquer à des intérêts, à des châtiments temporels; elle ne peut s'étendre à l'essence divine de l'autorité, réhabiliter l'injustice. L'ordre éternel, la loi divine ne se prescrivent pas; si le temps pouvait effacer l'iniquité, il n'y aurait plus de règle, le temps viendrait l'invalider, le temps serait supérieur à la loi morale, le temps serait maître, le temps serait Dieu. Un pouvoir légitime injustement dépouillé ne peut s'éteindre que par les motifs capables d'infirmer un gouvernement debout. Quand il ne soutient plus son droit, cesse d'arborer son drapeau, de protester, fût-ce à longue échéance, quand il abandonne sa nationalité, il est permis de croire au délaissement volontaire, à la renonciation tacite.

Mais, si le pouvoir injustement dépossédé a

l'obligation de protester pour maintenir son droit, il garde en même temps une faculté plus haute, celle de le revendiquer les armes à la main. En dehors de cette sanction, le droit ne serait plus qu'un vain mot, un titre nominal. La sagesse prévoyante, les devoirs envers les semblables et la société viennent cependant limiter cette puissance. Il n'est pas permis de sacrifier inutilement des vies humaines, de produire un plus grand mal; la lutte nécessite la certitude prudente du succès.

CHAPITRE XIII

AUTRES CAUSES DE POUVOIR CIVIL

La conquête juste, injuste. — L'hérédité forme titre en vertu de la conquête aussi bien que de l'assentiment. — Droit du Saint-Siège sur les peuples catholiques, il n'en use jamais.

Le consentement du peuple, la transmission acceptée ne sont pas un titre unique de pouvoir civil, le seul véhicule de la puissance publique. Le vote, l'agrégation volontaire, l'hérédité tiennent leur force de la détention naturelle du pouvoir et de l'assentiment. Mais la possession naturelle de l'autorité sociale par la multitude peut subir des atteintes, s'annihiler, se perdre.

La conquête, par exemple à la suite d'une guerre juste, substitue d'une façon légitime la puissance du victorieux à celle de la nation vaincue. « Une guerre est juste lorsqu'elle s'appuie sur « la défense, sur un droit de réparation ou de « compensation auquel l'ennemi se refuse, enfin

« lorsqu'elle a lieu pour secourir un ami, un « allié qui se trouve dans les premières conditions. »

Les sociétés ont non seulement le droit de repousser l'attaque, de se préserver pour le moment, mais encore de prendre des garanties pour l'avenir. Il est licite de diminuer la force d'un ennemi dangereux et sans conscience, de le mettre dans l'impossibilité de nuire en lui enlevant tout ou partie de ses moyens d'action, de son territoire. La conquête s'appuie en droit sur la défense, le soin de se protéger, mais en fait devient un châtiment. Le pouvoir coupable s'éteint par l'annexion du peuple auquel il commandait, le groupe conquis perd le droit de garder la puissance qu'il s'était donnée et d'en former une nouvelle. « Il arrive parfois, dit Suarez, « que des provinces et des peuples libres sont « soumis à des Rois par la guerre. Si la guerre est « juste, le peuple conquis est réellement dé« pouillé de sa puissance, et le Prince qui l'a « conquis a acquis ainsi un véritable droit et la « souveraineté sur ce royaume, car, la justice de « la guerre étant supposée, la conquête est une « juste peine [1]. »

La conquête devient une juste peine, mais

1. *Défense de la foi*, liv. III, chap. II.

repose avant tout sur le droit de défense. L'agression injuste n'est pas seulement une menace actuelle, temporaire, mais perpétuée. Le succès pourrait mettre fin à la volonté coupable, l'échec relatif ne fera que l'inciter à reprendre ses errements. Si les forces dont elle dispose ne sont pas atteintes d'une manière vitale, l'attaque se reproduira dans un délai rapproché. Il n'y a pas de doute possible à cet égard, de circonstance qui prête à l'hypothèse d'un changement; il n'y a qu'un fait connu, une conscience dévoyée et la menace grave résultant de son aberration. Il est donc permis de repousser l'agression pour le présent, de la prévoir et de l'écarter pour l'avenir. J'insiste sur ce point. J'aurai quelque peine, je dois l'avouer, à admettre que la juste conquête tient sa légitimité d'un droit de châtiment, sauf peut-être dans le cas où le vaincu aurait franchi le territoire du vainqueur. Le droit de punir suppose une juridiction que les sociétés n'ont pas sur les peuples étrangers.

La conquête même illégitime, c'est-à-dire opérée à la suite d'une guerre injuste, peut être validée, donner naissance à un pouvoir régulier par l'assentiment ultérieur du peuple conquis. Pour obtenir ce résultat, il est nécessaire cependant que le pouvoir légitime dépossédé abandonne son droit d'une manière expresse ou tacite. Son titre ne peut se révoquer ou se prescrire, le consentement du peuple ne peut l'invalider.

Si le pouvoir conquérant légitime est héréditaire, l'hérédité s'impose en vertu de la conquête comme en vertu de l'adhésion.

Il existe enfin, selon moi, une dernière cause de pouvoir pour les sociétés catholiques, l'assignation du Saint-Siège. J'hésite d'autant moins à émettre cette pensée, que l'Eglise s'applique de la façon la plus stricte à vivre en paix avec tous les pouvoirs même contestables, irréguliers. Sa réserve excessive, sa prudence méticuleuse sont trop connues pour qu'il soit imprévoyant de rappeler ce que je crois être son droit, un droit dont elle n'use jamais. Je vais donc essayer de l'établir dans les termes succincts qui me sont permis.

L'homme ne possède pas seulement un corps et des intérêts finis, mais une âme à laquelle ce corps est joint étroitement, une âme immortelle, soumise à des règles morales. Il ne peut, en raison de sa faiblesse, aboutir à sa fin temporelle hors de la société, et la société ne peut atteindre à son but sans un pouvoir qui la conduise. De même, l'âme ne peut atteindre à sa fin spirituelle, sans assistance, sans cohésion, sans une autorité qui la dirige. Isolée, sujette à l'erreur, elle pourrait se faire une religion à sa guise; chacun viendrait aboutir à des croyances divergentes; il ne peut en être ainsi. Il est nécessaire qu'un pouvoir gouverne les âmes, assure les croyances, maintienne dans la réunion l'ordre et l'unité. La société spirituelle et son gouvernement sont indispensables au même titre que la société temporelle et sa puissance publique. Les deux pouvoirs doivent exister d'une façon parallèle. Chacun d'eux est souverain dans sa limite. Le pouvoir civil retient une puissance indépendante dans l'ordre temporel, le pouvoir spirituel garde une autorité entière dans l'ordre moral. Le premier cependant est inférieur au second : le corps n'est pas l'égal de l'âme, l'esprit l'emporte sur la matière, les intérêts civils, temporels, ne prennent place qu'après les intérêts moraux. Les obligations envers le prochain sont dominées par les devoirs envers Dieu, la fin première s'abaisse devant la fin éternelle.

La puissance publique est non seulement inférieure au pouvoir spirituel, mais elle est soumise à la loi morale dont l'autorité spirituelle a la garde; à ce titre, elle lui est assujettie. Entre deux solutions conformes ou ne touchant pas à la règle des âmes, elle peut se prononcer d'une manière souveraine, mais il ne lui est jamais permis de choisir l'injustice ou le mal, il ne lui est jamais permis d'oublier la loi morale. Lorsqu'elle agit dans sa sphère légitime, elle commande non seulement aux corps, mais également aux âmes, oblige les consciences ; elle doit donc se conformer à la loi qui les régit, se soumettre au pouvoir qui les gouverne. Elle peut commander à ce prix seulement. Lorsqu'elle veut s'affranchir de cette obligation, elle n'atteint plus les consciences, on peut lui résister, elle n'est plus l'autorité même civile. Elle n'est donc en définitive souveraine qu'à la condition de se soumettre aux lois spirituelles, au pouvoir qui les définit, les fixe, les règle. Elle leur est subordonnée dans l'ordre moral, et, on peut le dire, elle est avant tout l'exécuteur des préceptes moraux.

Quel est le détenteur de l'autorité spirituelle, le gardien des règles morales, qui a titre pour les définir, les promulguer, même les former ? Pour nous catholiques, nous le savons avec certitude, la société des âmes s'appelle l'Eglise. Le pouvoir qui lui est nécessaire paraîtrait devoir lui revenir comme il appartient à la société civile, mais Dieu l'a transmis directement. Notre Seigneur Jésus-Christ a conféré d'une manière immédiate le gouvernement de l'Eglise, la suprématie, l'autorité spirituelle à Pierre et à ses successeurs. Il leur a remis une puissance indépendante, supérieure en étendue, en durée à celle des autres apôtres; il leur a constitué le pouvoir souverain sur l'Eglise universelle.

Ce pouvoir souverain, qui domine celui des Evêques isolés ou réunis, le Pape infaillible le possède immédiatement en vertu de son institution.

L'autorité spirituelle subsiste donc en dernière analyse dans le Pape. La puissance, nous l'avons dit, comporte des manifestations diverses : le commandement, la loi, la contrainte, la peine. Le droit de commander emporte la faculté de punir la désobéissance.

Le droit de juger, de châtier s'appelle la juridiction. Le Souverain Pontife, en vertu de son autorité, a juridiction sur les âmes. La faculté de punir l'âme s'étend au corps s'il exerce une influence pernicieuse, subit au moins l'impulsion, exécute, devient complice de la faute, ce qui est pour tous les actes. L'action divine ne sépare pas toujours la nature de la peine. Elle punit l'erreur de l'âme dans le corps, c'est parfois la manière la plus indulgente d'atteindre la faculté de sentir. Ce motif n'est pas le seul, outre que l'autorité de Dieu n'a pas de limite, le corps participe à tout ce qui dépasse la pensée muette, se traduit par un acte; la faute est donc partagée, le châtiment peut être commun. Rien en principe ou même en exemple ne vient borner la puissance du juge spirituel; sa décision ne ressort que de l'équité, de la conscience, de l'arbitre. Il garde une latitude entière pour fixer la peine opportune, efficace, la choisir dans l'ordre qui lui semble bon.

La faute morale peut obtenir une sanction temporelle; c'est une peine adoucie et parfois indiquée.

Le droit de punir de l'autorité spirituelle s'étend aux peuples et aux détenteurs de la puissance publique aussi bien qu'aux individus, sa prérogative atteint tous ceux qui possèdent une âme; il n'est pas d'exception, on ne pourrait en revendiquer ou en établir.

Les peuples se composent d'une réunion d'hommes, c'est-à-dire d'âmes et de corps. Que ces âmes s'égarent à titre collectif, elles n'échappent pas à la faute, à la suprématie du juge des obligations spirituelles. L'action, la culpabilité générale permettent d'appliquer un châtiment commun, social; telle est la seule différence. Les groupes d'âmes jouissent de la liberté humaine, c'est-à-dire du pouvoir d'accomplir une obligation morale avec le mérite de la volonté. Quand ils désertent ce devoir, ils tombent sous le coup de la juridiction spirituelle; elle peut les châtier dans les limites de la justice et de la raison, la peine est livrée à sa conscience.

Or quel châtiment s'adapte mieux aux écarts de la volonté, en matière de pouvoir civil, que la privation du droit dont on fait un abus coupable? C'est la peine naturelle, la sanction indiquée, la seule qui s'applique réellement à la faute. Le pouvoir spirituel peut donc punir un peuple catholique qui mésuse de son droit, veut l'employer au mal, en lui enlevant la faculté qu'il dénature. Le peuple a cette latitude à l'égard de ses membres; la juridiction du pouvoir spirituel est plus étendue, atteint la défaillance de la nature morale dans la société entière. Le Saint-Siège a titre pour juger un peuple qui se refuse à transmettre la puissance publique dans ses conditions spirituelles nécessaires, et punir cette réunion d'âmes en la privant de son droit.

Le pouvoir civil est un être moral; mais il repose sur une créature humaine consciente, responsable, soumise à la loi spirituelle. Celui qui l'exerce jouit également de la liberté ; il peut l'employer au bien, il ne lui est pas impossible de faire le mal, de commettre une faute morale. Sa culpabilité tombe, comme celle de tout homme, sous la juridiction du pouvoir spirituel, sous les châtiments dont il dispose. Il peut en vertu de son autorité apprécier l'infraction de tout membre de l'Eglise, lui infliger la peine convenable. La puissance publique ne soustrait pas celui qui la détient à l'obligation morale, il reste soumis à tous les devoirs qui s'imposent à l'humanité; l'élu n'obtient pas une souveraineté sans limites, indépendante, mais un pouvoir assujetti, docile aux règles de la Toute-puissance.

Le pouvoir spirituel, le juge des fautes morales peut donc atteindre le possesseur de l'autorité sociale aussi bien que les peuples.

La faute morale des gouvernements civils peut s'appliquer à l'ordre religieux ou bien à telle question sociale. La première sans contredit touche à un intérêt plus élevé, est plus grave, appelle une sanction plus rigoureuse. L'appréciation est du domaine du juge. Mais par suite de je ne sais quelle prudence, à l'aide de je ne sais quelle prétention, on entend circonscrire la faculté de décider. Il n'est pas possible d'apporter au pouvoir spirituel une règle toute faite, un code, une échelle de peines; mais, pour aboutir au même point, on essaye de borner la juridiction. On admet la compétence sur tous, et pour toutes les fautes morales. Cependant on vient dire : Lorsqu'il s'agit du culte, de la cause religieuse, le pouvoir spirituel prononce par voie de sentence; mais il ne peut plus décider que par voie de consultation, d'avis, lorsque la faute morale s'adresse à l'intérêt civil, temporel, politique. C'est non pas la règle obligée, au moins l'opinion commune, je dois la respecter à ce titre. Je ne puis apercevoir cependant, je dois l'avouer, la base réelle, le motif assuré de cette distinction. Il y a faute morale dans les deux cas, et, toutes les fois que cette faute existe, le juge à l'autorité duquel elle est soumise a titre pour apprécier et prononcer la peine qui lui semble indiquée. Je ne sais rien qui vienne, en pareil cas, limiter son droit. Lui enlever la faculté de punir la faute morale parce qu'elle s'applique à l'ordre temporel, est, ce me semble, borner gratuitement sa prérogative, empiéter sur sa juridiction. Telle est au moins mon humble pensée, et je la donne sous toute réserve.

En resumé, les erreurs des pouvoirs civils ressortent non seulement du droit de défense des subordonnés, mais les fautes morales des gouvernements catholiques sont soumises comme celles des peuples à la juridiction du Saint-Siège, qui décide suivant la justice, le bien, et nous savons avec quelle prudence.

Je vais plus loin : le pouvoir spirituel n'a pas seulement le droit de châtier, de suspendre ou de détruire; il a la puissance d'édifier. Le Souverain Pontife est le guide et le juge des âmes des peuples catholiques, rien de ce qui touche à l'intérêt de ces âmes n'échappe à son pouvoir. Il a mission d'éclairer les consciences, de les garantir de l'erreur, d'enseigner que là est le droit, le bien, la règle obligatoire ou facultative. Chacun donc le reconnaît : le Saint Père a le droit de déclarer que la défense des peuples n'est pas ouverte dans ses conditions nécessaires, et sa décision vient lier les consciences.

Il a la puissance de prononcer entre les compétiteurs, d'instruire que le devoir, l'obligation de l'âme est de se rattacher à telle ou telle cause, par suite que là est le droit. Ceux qui ont obtenu la décision doivent s'y soumettre dans les termes de son contexte et de sa promulgation.

Il a le droit, suivant la parole de saint Paul aux Corinthiens, rappelée par saint Thomas, de punir l'infidélité de tout membre de l'Eglise, prince ou peuple, de briser la puissance publique entre ses mains.

Mais il peut encore, je viens de le dire, prendre l'initiative, instituer directement une autorité civile. Il est indispensable, en effet, qu'il existe dans toute société un pouvoir légitime, elle ne pourrait vivre hors de cette sauvegarde ; Dieu l'impose aux agglomérations. Lors donc que le droit du peuple est suspendu, la faculté nécessaire d'établir doit forcément exister ailleurs. Qui peut avoir titre pour la détenir, sinon le juge qui garde la puissance de briser le droit perverti ? Quand la justice humaine atteint le droit d'un coupable, elle en confie l'usage à un autre, parce qu'il lui serait impossible de recueillir la tutelle, je me sers d'un terme générique, de tous ceux qu'elle a punis. La juridiction spirituelle peut exercer le droit qu'elle a frappé ; elle est même seule apte à le faire. Elle doit l'obtenir et l'utiliser en vertu de sa nécessité. Celui qui a la faculté d'enlever une chose indispensable à la vie, parce qu'on en fait un abus dangereux, a le droit et l'obligation de pourvoir à l'usage régulier. Celui qui a la puissance de reprendre une attribution primordiale, urgente, a qualité pour en disposer. Je le répète, un droit naturel peut se perdre par la défaillance physique ou morale. Le juge des défaillances morales d'un peuple catholique est le Pape, et, lorsqu'il est contraint par sa mission tutélaire de briser un droit détourné de son but, mais indispensable à l'existence de ces peuples, il doit pouvoir y suppléer, c'est une conséquence rigoureuse. Un pouvoir ayant charge de conserver, d'obtenir le salut, ne peut avoir à sa disposition d'une manière exclusive le châtiment mortel. Je le crois donc encore une fois, le pouvoir spirituel, le Souverain Pontife a non seulement la puissance de suspendre, d'infirmer le droit d'une société catholique à transmettre le pouvoir civil, mais encore de l'exercer à sa place. Ce droit, il faut le reconnaître, est limité par la prudence, par le bien de la religion et des peuples : à ce titre le Souverain Pontife ne l'invoque jamais. Une circonspection qui ne se dément pas, une réserve presque timorée le conduisent à laisser aux peuples leur libre décision; il attend avec confiance le terme de leurs écarts. Je dois l'avouer, du reste, les circonstances dans lesquelles il pourrait intervenir avec utilité sont infiniment rares, presque impossibles à rencontrer. Elles existent cependant et le droit n'est pas tout à fait spéculatif. Ainsi, je le suppose, le pouvoir d'une société catholique a pris fin d'une manière légitime, pour cause d'infidélité ou tout autre motif, peu importe. Le choix du peuple est douteux, l'élu contesté, délétère pour les âmes. L'attention du pouvoir spirituel, de celui qui a charge des fidèles se trouve naturellement éveillée. Les compétitions persistent, la lutte s'engage, menace de se perpétuer, il est difficile de prévoir le terme et le dénouement. Les forces se balancent à peu près, il existe toutefois une masse indécise, un parti flottant sur lequel il est possible d'exercer une influence. Les vies, les âmes se perdent, la société est en péril, c'est la conquête possible, le suicide. La cause de la religion est non seulement menacée, mais en danger, et celui qui en a reçu la garde, la défense sacrée des âmes ne pourrait intervenir? Mais c'est inadmissible. Que la prudence lui commande de se réserver lorsqu'il n'y a pas de succès à prévoir, je conçois. Mais lorsque sa voix peut donner la force à l'intérêt moral, sauver les âmes et les corps, on lui enjoindrait de se taire, parce qu'un intérêt civil est en jeu? C'est impossible. Les questions temporelles, je le répète, sont inférieures, ne peuvent jamais dominer l'ordre spirituel. La conscience du Souverain Pontife lui crierait de jeter sa décision dans la balance pour ramener la paix, garantir les âmes, défendre la religion. Lorsque les conseils, les avertissements comminatoires, les peines se sont succédé sans résultat, je n'hésite pas à l'affirmer : le pouvoir spirituel, au nom de sa suprématie, de son autorité, de sa mission, a le droit de dire tout haut : Le devoir des fidèles est de se rattacher à telle ou telle cause. Cette proclamation suivant ses termes vient lier les catholiques.

Que le peuple intervienne ou non d'une façon ultérieure, le pouvoir désigné à titre impérieux est légitime. En établissant un devoir, le Saint-Siège a formé le droit corrélatif; il n'y a pas d'obligation sans un droit qui s'y rapporte.

Si le pouvoir spirituel a dans cette occurrence la faculté d'assigner une puissance temporelle, et je crois difficile de la lui dénier, je ne m'étais pas trop avancé en reconnaissant au Saint-Siège le droit de former un pouvoir civil chez les peuples catholiques. Et pourtant, je le dis une seconde fois, il n'en use jamais, trouve meilleur de s'abstenir et je dois m'incliner avec respect devant sa décision. Ce n'est pas un motif pour refuser d'admettre un privilège certain, qui ne peut se perdre par le défaut d'usage. Un droit primordial, immédiatement tenu de la Providence est imprescriptible. Le titre du Saint-Siège devait trouver place aux causes exceptionnelles de puissance publique; j'aurais tenu pour une faiblesse, un calcul de ne pas le mentionner.

CHAPITRE XIV

RÉSUMÉ. — CONCLUSION

Je viens de rechercher comment s'établit une puissance publique, légitime, quels peuvent être son origine, son droit, sa force. Je n'ai plus qu'à grouper mes conclusions, à les appliquer à notre pays, à démontrer que la monarchie héréditaire, représentée par M. le Comte de Chambord, possède en France un titre régulier, garde un droit incontestable, éclatant, invaincu.

Le pouvoir civil, je l'ai dit, émane de Dieu, est reçu par la société, par la multitude qui doit le transmettre. Cette transmission comprend des termes nécessaires et des points facultatifs.

Les termes nécessaires s'appliquent au pouvoir indispensable que le peuple ne peut utiliser lui-même, à la nature essentielle, au but irréductible de la puissance publique. Les termes facultatifs, le mot l'indique, sont livrés à notre appréciation. Nous sommes libres, par exemple, de communiquer le pouvoir à titre temporaire ou bien indéfini, de l'accorder à un seul, à plusieurs, ou à une même famille dans un certain ordre d'hérédité.

La transmission s'opère à l'aide du consentement. L'accord des volontés forme un pacte sui generis, du droit des gens, ayant des caractères propres, mais des effets obligatoires comme ceux des contrats civils.

L'adhésion peut être expresse ou tacite, ultérieure ou concomitante.

L'acquiescement tacite, successif, ultérieur est le seul qui puisse s'adapter aux sociétés de formation récente.

La transmission doit aliéner ce qu'elle comporte. Le peuple, en effet, a l'obligation de transférer une chose certaine, l'autorité; le commandement ne se prête pas au partage égal qui viendrait l'infirmer, moins encore à la subordination. Le peuple ne peut rester l'égal, à plus forte raison le supérieur de celui qu'il investit de la puissance; il doit donc lui conférer un droit, indépendant, exclusif, absolu dans la limite de la transmission, devenir lui-même le subordonné,

Il ne peut garder le droit permanent de transmettre la puissance, la faculté de reprendre ce qu'il a transmis, de révoquer son élu. Le consentement ne peut se produire avec utilité que lorsqu'il n'existe pas de pouvoir légitime antérieur venant affirmer son titre. En dehors de la vacance réelle de l'autorité, l'acquiescement du peuple ne forme que des usurpations.

Le droit régulier ne peut cesser d'être que par l'extinction naturelle, la venue du terme, la renonciation, la défense ou la juste conquête. La dépossession illégitime crée seulement pour le peuple le devoir de réparer son injustice.

La renonciation peut être expresse ou tacite comme l'acquiescement.

Le pacte de transfert échappe à l'annulation; mais les sociétés tiennent de la loi naturelle, comme les particuliers, le droit de légitime défense contre ceux qui les mettent en danger. Sous une monarchie héréditaire, la faculté de défense ne peut atteindre le droit éventuel des successeurs qui ne sont pas complices avérés de l'attaque, elle vient l'ouvrir au contraire. La défense s'adresse au péril, au coupable, et non au pacte salutaire qui subsiste à côté.

La conquête enfin, à la suite d'une guerre juste, peut ajouter à la puissance obtenue par l'acquiescement.

Je crois avoir démontré ces divers points. Il suffira maintenant de nous adresser à l'histoire, d'interroger les faits; ils viendront établir avec certitude la régularité du titre de M. le Comte de Chambord.

En 1792, le droit traditionnel de la France était encore la monarchie héréditaire transmise à la maison de Bourbon. A la veille des jours les plus sinistres, des excès les plus odieux, des crimes les plus épouvantables, la constitution du 14 septembre 1791 l'affirmait : chapitre II, section I, article I, « la royauté est indivisible et « déléguée héréditairement à la race régnante de « mâle en mâle, par ordre de primogéniture, à « l'exclusion perpétuelle des femmes et de leur « descendance. »

Je ne m'arrête pas à cette prétendue délégation; je n'en retiens qu'une chose, la persistance surabondante de l'acquiescement. Il serait donc impossible d'alléguer que la monarchie héréditaire de la maison de Bourbon n'a pas été consentie.

Pour établir le droit de M. le Comte de Chambord, il suffirait de remonter au règne de Louis XVI, de constater l'adhésion du peuple, l'absence d'un pouvoir légitime dépossédé invoquant son titre antérieur. Je n'aurais plus qu'à mettre en lumière le défaut de renonciation expresse ou tacite, l'impossibilité de prétexter la défense légitime, à faire souvenir que le peuple n'a pas la faculté de reprendre le pouvoir transmis. Pour mieux convaincre nos adversaires, leur bien montrer que nous ne redoutons pas le jour le plus éclatant, il ne me déplaît pas de remonter jusqu'à Hugues Capet.

A la fin du IXe siècle, les derniers descendants de Charlemagne étaient devenus pour la France une cause de faiblesse, de confusion, de péril. Charles le Simple, n'ayant pu défendre la Normandie contre Rollon, chef scandinave, avait été contraint de lui abandonner cette belle province et de lui accorder en outre la suzeraineté de la Bretagne. Le prestige de la France était tellement affaibli que le nouveau duc pouvait se refuser aux formalités de l'hommage, et l'officier subalterne qui les remplissait à sa place ne craignait pas d'infliger au Roi l'humiliation la plus vive, sinon l'outrage le plus sanglant.

L'insuffisance absolue de Charles l'avait fait rejeter par les Lorrains, qui lui avaient donné en premier lieu la succession de Louis IV, roi de Germanie. Les seigneurs Francs s'étaient même réunis à Soissons pour le déposer. L'effet eût suivi la menace sans l'intervention d'Hérivée, archevêque de Reims.

Une première fois déjà, Eudes, comte de Paris, le plus proche et le plus puissant feudataire, avait dû ceindre la couronne trop lourde pour le front débile du successeur de Charlemagne, pour le fils posthume de Louis le Bègue, 888.

La mort d'Eudes avait remis Charles le Simple en possession de son royaume, mais la cupidité de son favori Haganon le lui avait fait perdre une seconde fois. Il s'était enfui sans combattre devant Robert, fils d'Eudes, revendiquant les armes à la main l'abbaye de Chelles, qui appartenait à l'un des siens. L'archevêque Hérivée plaçait la couronne sur la tête du duc de France, 922.

Robert périt en 923 dans une lutte contre les partisans de Charles le Simple; mais la même année Hugues le Blanc, son fils, obligeait par une victoire le Roi nominal à se réfugier en Lorraine. Au lieu de prendre la couronne, il la donnait à Raoul, duc de Bourgogne, son beau-frère; puis, à la mort de Raoul, il rappelait le fils de Charles le Simple, Louis d'Outremer.

Lothaire succédait à son frère Louis, et le moine Gerbert, depuis le pape Sylvestre II, pouvait en écrire : « Lothaire est Roi de France, mais seulement de nom; Hugues n'en porte pas le titre, mais il est Roi par le fait et par les armes. »

Lothaire mourait en 986, et Louis V, son fils, en 987, à peine âgé de vingt ans et déjà plus oblitéré, s'il est possible, que ses devanciers.

La couronne devait revenir à Charles, duc de Lorraine, frère de Lothaire et dernier prince du sang de Charlemagne. Mais Charles avait reçu d'Othon II, empereur d'Allemagne, le fief de la Lorraine, était devenu son vassal en 977. Ce titre l'aurait fait écarter par les seigneurs Français, disent quelques historiens, et l'allégation paraît vraisemblable. Il existait depuis de longues années un antagonisme fort vif entre la France proprement dite et la race de Charlemagne. Cette dernière, d'origine germanique, était restée longtemps allemande de mœurs et même de langage : les Français la tenaient pour étrangère. La dégénérescence des derniers Rois, les périls, les malheurs venus à la suite étaient de nature à leur enlever le vestige de respect qui s'attachait à leur droit. Et pourtant, nous venons de le reconnaître, la France ne pouvait se décider à la résistance. Elle supportait tout, les humiliations, les pertes de provinces, le danger, sans pouvoir se résoudre à invoquer la défense. Pour ma part, je ne saurais trop admirer l'attachement profond de nos ancêtres au principe d'hérédité, leur scrupule à ne prendre conseil que du salut. Mais l'accession de Charles au trône, c'était pour ainsi dire la France venant se joindre à la Lorraine, la France vassale ou du moins gouvernée par un vassal de l'empire d'Allemagne. Les anciennes défiances ont reparu, l'instinct national s'est révolté. J'ai besoin de faire appel à tout mon souci du droit pour ne pas amnister dès l'abord la juste fierté, l'ambition salutaire des ducs de France. L'instant était venu pour eux de nous préserver du péril, d'aider à la formation, à la grandeur de notre pays, de substituer une race forte à la défaillance physique et morale des Carlovingiens. Le duc Raoul n'avait jamais été Roi que de nom, n'avait gouverné que la Bourgogne; la France obéissait en fait à Hugues le Blanc. Le règne de Charles de Lorraine, l'adversaire des comtes de Paris, ne pouvait aboutir au même point; c'était bien la domination étrangère, le gouvernement d'un Prince ayant perdu sa nationalité. Cette époque manque d'historiens; de rares documents toutefois ont survécu et permettent de penser que la défense a été non pas universellement, au moins régulièrement constatée. Il m'est inutile d'insister sur ce point; je rencontrerai plus tard le signe évident de la légitimité des Capétiens. Je n'entre pas dans une discussion superflue. Pendant que Charles faisait son entrée à Laon, Hugues Capet, fils de Hugues le Blanc, allait demander l'onction sainte à l'Archevêque de Reims Adalbéron qui le sacrait Roi de France devant une armée nombreuse, les plus puissants seigneurs de France, de Bourgogne, d'Aquitaine. Le clergé se montrait particulièrement favorable à son élévation; les seigneurs, le peuple se rattachaient à sa cause. Les ducs de Bourgogne, de Normandie le reconnaissaient ; mais les autres grands feudataires, les comtes de Vermandois, de Flandre, de Toulouse, le duc d'Aquitaine restaient fidèles à Charles de Lorraine. Leur option, toute spéculative, ne les portait pas à faire prévaloir son droit par les armes. Hugues pouvait s'emparer de Charles, le tenir enfermé dans la tour d'Orléans, où il mourait, et permettre à ses fils d'aller chercher un asile en Allemagne.

Je n'examine pas si les dissidents s'inquiétaient en réalité fort peu du sang de Charlemagne, s'ils ne s'arrêtaient pas avant tout à la crainte envieuse d'augmenter la puissance du comte de Paris, s'ils ne voulaient pas compléter la souveraineté locale obtenue par l'édit de Kiersy. Je ne recherche pas de quel côté on pouvait placer la nation, si les forces n'étaient pas au moins égales, puisque l'offensive est venue du Roi. Je ne me demande pas si Hugues Capet pouvait à un autre point de vue invoquer un titre régulier; je ne constate qu'une chose : la protestation, je lui accorde tous ses effets.

Mais depuis ? La féodalité s'efface peu à peu devant la suprématie royale, l'obéissance se produit, la soumission s'effectue, l'acquiescement s'affirme, devient général; la France se groupe, la France se fait.

Il existe, j'en conviens, un pouvoir légitime dépossédé ; mais il ne proteste pas, sa voix s'éteint, les descendants de Charles de Lorraine se fondent dans une dynastie étrangère. Ce silence n'est troublé que plus de trois siècles après par un roi d'Angleterre réclamant les bénéfices de je ne sais quelle descendance.

Est-il une renonciation plus certaine, plus assurée, plus incontestable? et les effets du délaissement nous sont connus. Je pourrais me borner là. Qu'il me soit permis toutefois de démontrer avec plus d'évidence l'adhésion de nos pères.

Robert le Pieux, Henri Ier, Philippe Ier encore enfant occupent le trône sans conteste, dans l'ordre d'hérédité. Les grands feudataires, les vassaux leur obéissent, toute opposition, même latente, disparaît, on n'entend plus de protestation soit en haut, soit en bas. Le Roi Louis le Gros peut devenir l'arbitre des seigneurs, affranchir les communes, réunir les milices entières de France dans les plaines de Reims, et l'Empereur Henri V devait se retirer sans combattre en voyant la France ainsi groupée autour de son Roi. Louis le Jeune n'était pas contesté lorsqu'il pouvait, en vertu de son titre héréditaire, assembler à Vézelay les grands, les prélats du royaume, une foule immense de toutes les conditions, et prendre l'initiative de la croisade. La puissance légitime de saint Louis n'a jamais été mise en question. Philippe de Valois succédait sans opposition conformément à la loi salique, à son cousin Charles le Bel en 1328. Les États généraux venaient en 1355 accorder une aggravation de charges à Jean le Bon, son fils. L'acquiescement n'est pas douteux lorsque la France entière se levait à la voix de Jeanne d'Arc, que la sainte héroïne pouvait conduire le Roi Charles VII à Reims et lui adresser ces paroles : « Gentil Roy, « ores est exécuté le plaisir de Dieu, qui voulait « que vinssiez à Reims recevoir votre digne sacre, « en montrant que vous êtes vrai Roy et celui « auquel le royaume doit appartenir. »

Qu'on me signale une protestation. Où sont les dissidents, leurs armes, au moins leur parole? Il serait inutile d'insister. L'adhésion volontaire est éclatante; on pourrait l'établir à chaque règne et plus d'une fois sous la forme explicite.

Les Bourbons succèdent aux Valois, suivant l'ordre d'hérédité. Que conteste la Ligue ? le droit ? Non, mais seulement la religion du monarque, qui lui interdisait le règne en vertu des lois du royaume. Et, quand il s'est incliné devant la volonté de Dieu et du peuple, qui le méconnaît? Personne. Pendant plus de deux siècles, le clergé, la noblesse, le tiers-état, les communes, les états généraux, les parlements, tout s'incline devant la monarchie légitime héréditaire ; il n'est pas une seule voix discordante. Arrivent les mauvais jours, la sédition.

Pendant plus de deux années, jusqu'à l'heure des plus grands crimes, la révolution elle-même constate, ratifie le droit de la maison de Bourbon. Le premier principe de 1789 était ainsi conçu : « La France est une monarchie héréditaire de mâle en mâle dans la famille des Bourbons. » J'ai donné plus haut les termes de la constitution du 14 septembre 1791. Tous les auteurs contemporains l'attestent : la nation voulait sincèrement au début le maintien du Roi Louis XVI et de la monarchie.

Le consentement de la France, tantôt implicite, tantôt exprès, a donc existé de la manière la plus formelle, ne peut laisser prise au doute le plus faible. Appuyé sur la renonciation des descendants de Charlemagne, il a produit la monarchie légitime, héréditaire des Capétiens, des Valois, des Bourbons. Mais la démence succède à la fièvre : la révolution essaye d'abolir la royauté.

Une secte immonde commet le crime le plus effroyable qui puisse entacher une nation ; la

France compte un martyr de plus, au ciel un protecteur nouveau. Nous le savons maintenant : le peuple n'a pas la faculté de reprendre le pouvoir transmis, d'anéantir le droit qu'il a pu former. Il ne détient plus la puissance publique, il lui est soumis. Il est tenu de respecter son engagement, ne possède pas le droit arbitraire de révocation. Il ne pouvait invoquer la défense; il avait obtenu tout ce qu'on exigeait en son nom, plus qu'il ne demandait, et le danger venait de lui, ou plutôt de ceux qui le tyrannisaient. La résistance appartenait manifestement au Roi, et plût à Dieu qu'il en eût fait un autre usage. Les dépossessions révolutionnaires, les déchéances prononcées par la révolte en délire sont sans valeur aucune, ne peuvent nous arrêter même un instant.

Le Roi Louis XVIII devenait, à la mort du Dauphin, son neveu, le représentant de la dynastie. Il avait été contraint de chercher le salut dans l'exil. De la terre étrangère, il ne cesse de protester, d'affirmer son droit, de le maintenir; il est impossible de lui opposer la renonciation même tacite. Il ne rentre pas en vertu d'une élection nouvelle, mais bien de son titre héréditaire.

Charles X, son frère, lui succède. La révolution reprend son œuvre avec plus de force, supplée au nombre par l'astuce et l'habileté. Après des concessions parfois regrettables, le Roi croit pouvoir faire face à l'attaque en s'appuyant sur la Charte. Il est emporté par une émeute que ses conseillers n'avaient pas voulu prévoir et combattre, par l'effort de quelques centaines d'émeutiers. Je viens de relire les Ordonnances du 25 juillet 1830. Sans avoir à les apprécier autrement, on peut l'affirmer : elles n'ouvraient pas la faculté de résistance sous son mode le plus aigu, elles ne pouvaient justifier le droit de guerre. Qu'elles aient pu motiver la résistance légale de ceux qui croyaient à la violation des lois du royaume, je l'accorde : non pas tout à fait à titre de conviction, mais pour ne pas discuter un point secondaire. Je garde le souvenir du mot d'ordre de M. Thiers que j'ai rappelé au début. Il existait donc dans cette charte des dispositions contraires à la nature essentielle de l'autorité, devant obliger le Souverain à briser la clôture; il s'y trouvait donc des clauses impossibles, nulles de plein droit. Le Roi assiégé pouvait invoquer la défense. Mais enfin je ne veux pas m'attarder à ces controverses; je néglige, je l'ai dit, tout ce qui me semble contingent, l'antinomie, la résistance de la couronne aussi bien que l'article XIV, pour arriver au point essentiel. Lorsque je rencontre un argument bref, décisif, d'une efficacité certaine, j'écarte les discussions accessoires. Je préfère concéder la résistance légale, passive, mais je me permettrai de demander où se trouvait le péril certain, manifeste, évident que les Ordonnances apportaient à la société Française. Le droit de légitime défense, poussé jusqu'à sa limite extrême, la guerre, ne peut se justifier que par une menace imminente de ruine, de mort. Cette ressource suprême, cette arme dangereuse pour celui qui la manie ne peut être employée que dans des conjonctures rigoureusement circonscrites, impérieusement limitées. La défense est entourée de prescriptions tutélaires, obligatoires, impossibles à mettre en oubli. Sans elles, il ne lui est plus possible d'être légitime; le droit cesse d'exister. Je croyais pouvoir les tenir à l'écart. Je me trouve conduit à les formuler, je le ferai donc après Suarez :

La légitime défense, le droit de guerre des peuples contre un pouvoir régulier exige :

1° Que l'injustice, la tyrannie soient manifestes, menacent d'une manière évidente l'existence de la société; le doute profite au Prince;

2° Qu'il n'y ait pas d'autre moyen possible d'écarter le péril.

3° Il faut avoir la certitude prudente que la défense n'amènera pas de plus grands maux que l'agression.

4° Le droit ne peut être exercé que par la puissance légitime de la nation. Il nécessite l'assemblée, le conseil, l'acquiescement des représentants des grands corps de l'Etat, des cités, en un mot du peuple entier.

5° Il est nécessaire que le Souverain Pontife ne s'oppose pas à la défense des peuples catholiques. En vertu de sa juridiction spirituelle, il peut en effet leur dire : « Non licet : Il n'est pas permis. »

Il est enfin une condition qui n'a pas besoin d'être spécifiée : c'est de remplacer le pouvoir défaillant par une puissance légitime.

L'émeute de 1830 a-t-elle observé une seule de ces prescriptions, de ces règles, sans lesquelles il n'y a pas de défense possible ?

Les ordonnances ne menaçaient pas la vie de la société.

L'opposition légale pouvait non seulement se produire, mais était facile, indiquée. Le but des chefs de la révolte était si peu défini que, monarchistes, pour obtenir le concours des républicains, ils ont commencé par offrir la présidence à Lafayette. Peu leur importait le mal ultérieur ; ils ne craignaient pas d'exposer la France à tous les dangers pour assouvir leur convoitise.

La Chambre des députés s'est rendue seule complice de la résistance, elle n'a pas pris la peine de consulter la nation. Quelques centaines de députés issus du suffrage restreint, de journalistes, de membres des réunions secrètes, de réfugiés politiques de tous les États, ne pouvaient représenter la puissance légitime de la France. J'ai été surpris, après bien d'autres, de la quantité de noms étrangers inscrits sur la colonne de Juillet.

On le dira peut-être, la nation les a suivis, a ratifié leurs actes, était donc avec eux. Cet argument ne présente ni justesse, ni force, ni vérité. L'adhésion à la défense doit être antérieure, explicite. Le consentement tacite ultérieur peut s'appliquer à la formation d'un pouvoir nécessaire et qu'il est permis d'établir; la défense doit être jugée indispensable par tous avant de se produire. C'est non seulement une garantie d'urgence, c'est une condition de validité. Le motif en est simple : la pauvre nature humaine penche volontiers du côté du succès, de la force, des emplois, des honneurs; on se targue même, par amour-propre, d'avoir devancé l'opinion du lendemain. Les pouvoirs de fait obtiennent toujours une certaine adhésion; il serait inexact de dire qu'elle a précédé le succès. L'émeute triomphante ne peut invoquer le consentement antérieur de ceux qui l'acceptent par intérêt ou la souffrent par crainte. J'ai entendu des partisans du ministère Martignac, des Orléanistes du lendemain, regretter avec amertume leurs erreurs de cette époque, déplorer leur imprudence, déclarer qu'ils se seraient abstenus s'il leur avait été donné de prévoir le dénouement, une révolution. Comment donc pourrait-on s'attribuer l'appui de ceux qui ont gardé une attitude passive? L'acquiescement ultérieur, en pareil cas, ne démontre qu'une chose, l'ignorance ou l'oubli des principes, le désir immodéré de la quiétude; il ne dénote pas l'approbation antérieure. Il serait donc inexact de lui accorder une existence préalable, le droit de valider la défense. Une adhésion plus qu'incertaine ne peut s'appliquer à une faculté si rigoureuse. La résistance par les armes ne peut s'étayer d'une présomption; le consentement doit être antérieur, explicite.

La prétendue défense s'appuyait en réalité sur un petit nombre de républicains, de bonapartistes, d'orléanistes, de déclassés de toute origine; l'immense majorité de la nation lui refusait son concours. On peut donc l'affirmer sans crainte d'erreur, non seulement les cinq conditions indispensables au droit de guerre n'ont pas été observées, mais on ne pourrait même justifier d'une seule. J'aurais pu me dispenser de combattre cette allégation de défense, peu d'heures après le prétexte disparaissait en entier.

Le 30 juillet, alors que le Roi Charles X était encore à Saint-Cloud, il révoquait les ordonnances du 25, et choisissait de nouveaux ministres. Mais M. Laffite refusait pour la Chambre des députés d'accueillir le nouveau décret. Ah! je comprends qu'il ait demandé pardon à Dieu et aux hommes de ce qu'il avait fait, je comprends les tristesses de ses derniers jours. Si la France était restée dans l'ordre, avait gardé son pouvoir légitime, elle serait à l'heure actuelle la nation la plus prospère, la plus puissante, la plus respectée du monde entier; ce qu'elle est, nous le voyons. La suite de mon raisonnement deviendrait inutile; je le poursuis néanmoins à titre d'étude plus complète.

La défense, alors même qu'elle existe, peut atteindre uniquement celui qui motive le péril. Dans une monarchie héréditaire, je l'ai démontré, elle ne peut s'étendre aux successeurs, lorsqu'ils ne sont pas complices de l'agression. En admettant donc, contre toute exactitude, contre toute vérité, qu'elle put s'appliquer au Roi Charles X, à M. le Duc d'Angoulême, elle ne pouvait rien contre M. le Duc de Bordeaux, un enfant de neuf ans? Son droit héréditaire échappait à la faculté de résistance, le peuple devait l'acclamer. Cette obligation devenait plus stricte encore lorsque, le 3 août, le Roi abdiquait en faveur de son petit-fils, M. le Duc d'Angoulême en faveur de son neveu. La révolution a voulu briser le droit entier, en établir un nouveau ; c'est le signe évident de la révolte injuste.

Il est impossible à tous égards d'opposer à M. le Comte de Chambord la faculté de défense, on ne pourrait davantage invoquer contre lui la renonciation même tacite. Depuis lors en effet, dans toutes les circonstances, il n'a cessé de protester, de maintenir son droit. Il n'a pas refusé, comme on l'a prétendu, de régner en 1873. Il a décliné seulement l'offre d'infirmer son titre héréditaire, de conclure un nouveau pacte, de recevoir une investiture nouvelle. Il n'a pas voulu modifier son devoir, le remplir dans des termes qui auraient détruit sa possession antérieure ; mais il n'a jamais récusé sa véritable obligation de faire ; avec quel bonheur il l'eût accomplie ! Cette obligation était fixée par la charte et les lois régulières antérieures au 3 août 1830. Son droit s'était ouvert ce jour-là, son devoir avait reçu ses limites ; tout changement, même justifié, devait obtenir l'adhésion commune. Il était libre d'accepter ce qui était utile, de rejeter ce qui lui semblait nuisible, ou bien attentatoire à son droit. Il n'était plus possible de lui imposer des conditions nouvelles sans méconnaître son titre ancien. Le pacte synallagmatique était établi, et, comme l'enseigne le droit humain, il ne pouvait plus être unilatéralement modifié. La charte et les lois ultérieures ne lui imposaient pas le drapeau tricolore. Elles ne l'obligeaient pas à subir des conditions nébuleuses, des tuteurs hostiles et mal déguisés. Nous prendrons nos précautions, avaient-ils dit, et ils les ont si bien prises pour leurs doctrines et leurs personnes, que le droit héréditaire disparaissait au milieu de ces prétentions malsaines.

Le Roi pourtant ne refusait rien d'une manière absolue, ni modifications, ni réformes; il demandait seulement à les établir de concert avec la France. Il voulait constater le désir réel de son peuple, ne pas se borner aux indications contestables, intéressées du groupe restreint, sans mandat, qui s'arrogeait le droit de prescrire au nom de tous, de disposer de la couronne comme aux premiers temps.

M. le Comte de Chambord a refusé de se plier à cette exigence, d'accepter cette faiblesse, de subir cette humiliation, de reconnaître le droit permanent de transfert, d'anéantir le pacte indéfini pour en conclure un nouveau, qu'on aurait pu opposer même à ses successeurs. Telles étaient, en effet, les conséquences d'un ordre impérieux, écartant son droit de le rejeter. Il a refusé d'abdiquer, et l'on viendrait dire qu'il s'est soustrait à son obligation d'accomplir, a récusé le trône? L'erreur est par trop grossière. Personne ne l'ignore : le désir le plus ardent de son cœur est de remplir ses devoirs envers la France, d'assurer l'existence heureuse de son pays. Mais il ne peut obtenir ce résultat sans garder les conditions d'ordre, de justice, de stabilité qui sont sa force, sans maintenir son droit. Il n'a pas délaissé son titre, il l'a plutôt rendu plus ferme; il conserve la possibilité de nous sauver à l'heure de la Providence, et nous devons lui en rendre grâce.

Nous ne portons pas la peine de son refus, mais bien des sottes prétentions que l'on sait. Si le Roi avait suivi les conseils de ces amis douteux, de ces conseillers infidèles, s'il s'était laissé enfermer aux Tuileries, il ne règnerait peut-être plus à l'heure actuelle et nous nous trouverions aux prises avec la révolution des derniers jours.

Ainsi donc, on ne peut opposer au droit héréditaire de M. le Comte de Chambord ni l'irrégularité du titre, ni la défense légitime, ni la renonciation, ni le refus d'accomplir. Son droit est certain, incontestable, pur de toute atteinte, éclatant comme la lumière.

On me dira peut-être : A quoi bon établir un titre que la nation méconnaît? J'aime, je respecte assez mon pays pour croire que l'ignorance du droit politique entre pour une part notable dans ses erreurs. Malgré nos fautes, nos aberrations, nos crimes, j'ai foi dans la France, j'ai l'espoir invincible de son retour au bien. Quel que soit le peuple qu'on m'offre en exemple, je lui préfère encore ma patrie avec ses qualités et ses défauts. Nous sommes enclins au mal, mais aussi qui a plus de puissance pour le bien? Où trouver en plus grand nombre ces élans généreux, capables de toucher le cœur de celui qui a donné sa vie pour le salut des hommes? Nos erreurs, même graves, se bornent parfois à la surface sans atteindre véritablement le fond. Elles proviennent souvent des maîtres auxquels nous avons la faiblesse d'obéir plutôt que du peuple lui-même. Quelle nation compte au ciel des protecteurs plus vigilants, plus tendres, plus élevés? Le saint Pape Pie IX disait en 1870 : La perte de la France indiquerait l'approche des derniers temps. La France en effet est non seulement indispensable à l'équilibre de l'Europe, elle est nécessaire, à moins d'un miracle, à l'expansion du catholicisme. Le jour où elle disparaîtrait, la pensée de ceux qui tiennent son œuvre pour accomplie, qui croient à la diffusion actuelle de l'Évangile sur toute la terre, à ses suites, obtiendrait une certaine consistance. Grâce à Dieu, nous n'apercevons pas les autres signes avant-coureurs de la fin du monde; la France ne périra donc pas encore; si elle ne périt pas, c'est qu'elle doit revenir au bien. Il lui suffirait, en effet, de persister dans la voie qu'elle suit en ce moment pour aboutir à la perte. Le salut implique avec certitude les conditions nécessaires pour l'obtenir.

D'autres trouveront peut-être qu'affirmer un droit d'autorité à l'aide de l'intelligence et de la raison, c'est affaiblir sa source divine. Laissons cet argument à nos adversaires. Il ne s'agit pas d'une vérité inaccessible, d'un dogme révélé, mais d'un enseignement de la loi naturelle, d'un droit humain par son institution. La loi naturelle ressort de notre nature, de nos facultés; un droit transmis par nos mains entre dans le domaine de notre science, de notre raison; à quel titre pourrions-nous décliner leurs préceptes? L'obscurité peut plaire à ceux qui veulent en abuser; nous n'avons rien à craindre du grand jour. Il peut être bon de se placer très haut quand on ne veut pas apercevoir nettement les objets, lorsqu'on désire affirmer des visions différentes; le droit, le devoir ne se prêtent pas aux mirages.

L'obligation de la conscience doit se discerner sûrement, se produire avec certitude. Il est nécessaire que nous sachions sans crainte d'erreur à qui doit s'adresser notre obéissance, à quels prétendants nous devons résister. La légitimité d'un pouvoir doit s'établir d'une manière incontestable. La loi divine positive ne vient pas nous la révéler; la loi naturelle, le droit humain doivent donc nous la définir. Nous serions coupables, je le répète, de ne pas les interroger.

Le droit de M. le Comte de Chambord peut s'affirmer envers et contre tous; pourquoi le laisser entouré d'une auréole nébuleuse qui pourrait obscurcir les regards affaiblis, favoriser les négations intéressées? Ce droit existe de la façon la plus indiscutable, pourquoi ne pas le placer en pleine clarté?

Que peut-on lui objecter en effet? que reste-t-il après cet examen? Rien ; si ce n'est notre volonté, l'action du mal, l'aveuglement ou la révolte. Mais, prenons-y garde : Dieu ne tolère pas toujours le mépris du droit, de la justice, des lois formées pour notre garde, et dans notre intérêt. Certes je n'ai pas la pensée téméraire de sonder les desseins de la Providence, mais il est possible d'apercevoir les suites inévitables de certains errements, de certaines fautes. Quand la sagesse infinie a joint à l'accomplissement du devoir, au soin de l'ordre qu'elle a prescrit, de la justice, de la stabilité les avantages de la conservation, du bien, si l'on veut préférer le mal ou l'incertitude, on doit aboutir au péril, au désastre. L'oubli des règles salutaires d'où dépendent notre sécurité, notre bonheur, doit amener la souffrance et la perte. L'imprudence habituelle doit conduire fatalement à la mort. Il n'est pas possible de désagréger les fondations nécessaires des sociétés sans que l'édifice s'écroule.

Les peuples n'ont pas de seconde vie qui leur permette d'obtenir la récompense de leurs actes méritoires, le châtiment de leurs fautes. Les âmes immortelles seules ont ce redoutable privilège. L'existence des sociétés n'est pas une période d'épreuve tendant à une fin éternelle. Leur vie est bornée, s'éteint en entier; l'usage de la liberté doit les conduire à des sanctions temporelles. Supposer qu'il peut en être autrement, qu'elles échappent aux résultats de leurs actes, serait infirmer la loi divine de la justice.

Le droit de M. le Comte de Chambord est donc la règle de l'équité, des lois morales et temporelles en même temps que de notre intérêt. Nous obtiendrions avec le Roi tous les avantages qui s'attachent à l'accomplissement des desseins providentiels. Il nous apporterait non seulement l'ordre, mais encore la liberté, qui peut se joindre seulement à des institutions fermement assises.

Il nous donnerait la force, la puissance, la prospérité, la grandeur, et nous le repoussons. Nous demandons la liberté aux maîtres les plus durs qui soient au monde. Ils nous répondent par l'esclavage; telle est la loi de leur doctrine, du mépris de l'obligation morale. Nous demandons la puissance à l'instabilité, le bonheur à l'adversaire de tout bien, la sécurité à l'ennemi, la grandeur à toutes les hontes, le résultat n'est pas douteux. En vérité, l'esprit se trouble devant une pareille aberration, et le cœur saigne lorsqu'il s'agit de la patrie.

Pourrait-on au moins alléguer que le représentant du droit et de notre intérêt n'est pas sympathique? Mais il n'est pas une nature plus droite, plus loyale, plus désintéressée, plus Française, plus élevée, plus attachante que la sienne. Il aime son pays avec ardeur, avec passion. Tous ceux qui l'ont approché le disent avec justice : c'est véritablement l'âme et le cœur de la France. S'il penche d'un côté, c'est vers les classes laborieuses; il a fait de leurs intérêts ses études les plus chères. Le travail, la souffrance l'attirent invinciblement, éveillent sa sollicitude la plus paternelle. Les vieux libéraux le lui reprochent parfois, et non sans aigreur; ses amis véritables accueillent avec joie cette pensée toute chrétienne. Que peut-on donc lui opposer, je le répète? Rien, si ce n'est notre démence. On ne pourrait invoquer le prétexte le plus futile. Il est à la fois le devoir, l'avantage certain, la conservation, et, je viens de le dire, l'attrait. Quel vertige nous pousse donc à courir au mal, à la douleur, au suicide. Aujourd'hui, la parole est encore à la France. D'un mot elle pourrait tout sauver, et ce mot elle ne le prononce pas; demain, il sera trop tard.

Eh bien, quand elle n'aurait pas la volonté du salut, quand l'esprit du mal l'emporterait encore, je ne cesserais pas d'espérer. Je garderais ma confiance ardente en sa puissante protectrice, en la miséricorde du Dieu de Clovis, de saint Louis, de Jeanne d'Arc, de Louis XVI, cette victime pure, capable de désarmer la colère céleste, en l'intercession de tant de saints que la France fidèle vénère et supplie. Non, nous ne périrons pas; mais quelle alternative redoutable! Quand Dieu est réduit à forcer notre arbitre par un miracle, à faire violence à notre liberté, à nous sauver contre nous, sa compassion peut tempérer la rigueur, mais sa miséricorde ne peut anéantir sa justice. Il faut qu'elle obtienne satisfaction, et ce jour-là il jette un peuple meurtri, sanglant aux pieds du juste, qu'il a dédaigné. Le Roi n'en abusera pas, nous le savons, pour restreindre nos libertés; il voudra les étendre au contraire dans la limite de la justice et de la prudence. Il mettra tous ses soins à panser nos plaies, à nous faire oublier nos blessures. Mais faut-il nous exposer pour ce motif à entendre cette terrible parole : Voici que la justice de Dieu s'appesantit sur la France. Beaucoup ont ri de la menace, le rire s'éteint parfois dans un cri d'angoisse.

FIN

TABLE DES MATIÈRES

CHAPITRE PREMIER

LES GOUVERNEMENTS FRANÇAIS AU XIXe SIÈCLE.

CHAPITRE II

LA MONARCHIE LÉGITIME.

CHAPITRE III

LES GOUVERNEMENTS DE FAITS.

CHAPITRE IV

L'AUTORITÉ, LA PUISSANCE PUBLIQUE.

CHAPITRE V

LA PUISSANCE PUBLIQUE (suite).

CHAPITRE VI

LA PUISSANCE PUBLIQUE EST REÇUE PAR LA MULTITUDE.

CHAPITRE VII

LA PUISSANCE PUBLIQUE DOIT ÊTRE TRANSMISE.

CHAPITRE VIII

QUI DOIT TRANSMETTRE?

CHAPITRE IX

CE QUE LA SOCIÉTÉ PEUT ET DOIT TRANSMETTRE.

CHAPITRE X

DE QUELLE MANIÈRE LA PUISSANCE PUBLIQUE DOIT SE TRANSMETTRE.

CHAPITRE XI

LE PACTE DE TRANSMISSION DIFFÈRE DES CONTRATS CIVILS.

Coulommiers. — Typ. Paul BRODARD

ERRATA

Page 9, ligne 19, lire : formidable.
Page 105, ligne 28, lire : l'aliment.
Page 111, lignes 1 et 2, lire : à côté d'eux, n'est jamais en contradiction avec eux, les complète, etc.
Page 219, ligne 23, lire : viendrait.
Page 241, ligne 17, lire : tînt, et non *tient*.
Page 253, ligne 6, lire : je le conçois.

COULOMMIERS. — Typographie PAUL BRODARD.

A
B
Contraste insuffisant ou différent, mauvaise qualité d'impression
Under-contrast or different, bad printing quality

www.ingramcontent.com/pod-product-compliance
Ingram Content Group UK Ltd.
Pitfield, Milton Keynes, MK11 3LW, UK
UKHW020558230726
13926UKWH00005B/2099